，
打开教育的另一扇门

YUEDU
DAKAI JIAOYU DE LINGYISHANMEN

凌宗伟 / 著

图书在版编目(CIP)数据

阅读,打开教育的另一扇门/凌宗伟著.—宁波:宁波出版社,
2016.1(2018.5重印)
ISBN 978-7-5526-2253-9

Ⅰ.①阅… Ⅱ.①凌… Ⅲ.①中小学—教师—阅读辅导
Ⅳ.① G635.12 ② G792

中国版本图书馆 CIP 数据核字(2015)第 229961 号

阅读,打开教育的另一扇门

凌宗伟 著

出版发行 宁波出版社
地址宁波市甬江大道 1 号宁波书城 8 号楼 6 楼
邮编 315040
联系电话 0574-87259609
网址 http:// www.nbcbs.com
责任编辑 徐 飞 陈 静
装帧设计 金字斋
印　　刷 浙江新华数码印务有限公司
开　　本 710 毫米 × 1000 毫米 1/16
印　　张 14.25
字　　数 164 千
版　　次 2016 年 1 月第 1 版
印　　次 2018 年 5 月第 2 次印刷
标准书号 ISBN 978-7-5526-2253-9
定　　价 29.00 元

如发现倒装或缺页,影响阅读,请与承印厂联系调换　电话:0571-85155604

前　言

阅读的背后有扇门

在我们的传统文化中,"读书"一词常等同于"教育",譬如"墨水"一词就特指一个人的受教育水平。在这些口头语的历史信息中,我们多少可以看出"阅读"对教育的意义曾是多么的重要。时光荏苒,今天我们的国家居然成了世界上人均阅读量比较少的一个国度,我们的学校则又将"读书"引到了另一个极端,师生们除了那求取功名利禄的教科资料,几乎没有出于滋养生命丰富内心提升素养需求的阅读。

更为可怕的是,当一些有识之士和相关机构团体意识到这种趋势可能带来的危机而倡导阅读推广阅读的时候,有一些人却从中看到了某种商机和扬名立万的契机,或推销低劣作品、盗版书籍;或借机实现"著作等身",以独占鳌头,赢得拥趸者千万;一些学校,虽则买了不少书,有的还建起了专门的书屋,但在打造"书香校园",真正推动阅读时,往往又陷入形式主义的泥淖。

如此这般的伪阅读就这样慢慢地达成了某种利益共识。出于滋养、润泽的教育的阅读推广就这样失去了她的美好初衷,更多的是赶时髦地颂扬着"阅读"的必要性和人文价值;这种异化,多多少少,让人感到了一些自欺欺人。

不过也有一些学校在阅读推广中以非凡的魄力给我们带来了希

望的曙光。最为典型的恐怕就是浙江鄞州高级中学无墙、无门、无岗"三无"的图书馆了,更多的是在一些小学,教学楼的每个楼层都有书柜、书架、书桌,有的学校还搞起了图书漂流活动……尽管站在全国范围来看,这些也许只是星星之火,但是阅读推广的希望或许就在这里,教育变革,或许就会从这里突破。

这两方面的情形告诉我们,阅读推广路径和方式的选择,要从每个读书人都有机会净化自己、提升自己出发,进而寻找教育重新从趋利化、市井化等现实桎梏中挣脱的契机。阅读推广机构和推广人更要在如何将阅读一步步地做实、做稳、做久,进而成为一项为孩子一生奠基的工程方面下功夫。因为阅读,绝不仅仅是孩子在学校三五年内所必修的功课或技能,而是作为一种人生素养和精神境界,注定跟随他一辈子,也注定将成为他"文化基因"中区别于他人的最显著标志的浩大工程。这就不是推荐一批书目、搞几次"阅读征文"那么简单的事了。首先要厘清的,恐怕是动机,唯有抛却利益集团乃至个人的"小九九",方能成事。

对于阅读的内容,我的看法是可以适当驳杂一些、宽泛一些。对学生而言,他们的逻辑思维和人生阅历还略欠于成年人,只有通过更多的知识储备和累积,才可能融会贯通和为我所用。这就需要教师为他们悉心指导。毕竟,现如今的图书是良莠不齐的,即便是我们所说的经典,有些也是夹杂着不少糟粕的,所谓的国学经典,也是如此。这一点是学校在阅读推广中万万疏忽不得的。教师需要大量的非学科阅读,甚至是非教育阅读,这样他们的课堂才有可能更具"穿越"的魅力,同时,也更"接地气"。我们要做的是让师生明白,阅读不是一件可以立竿见影的事情,阅读是一种生命的滋养和浸润,她的回应或许在明天,或许在将来,试想一下,要是哪一天原本枯燥的课本知识将在我们的某次阅读中被"巧遇",那将会给我们带来怎样的心灵震撼,那情景又将是怎样的美妙!

在阅读中甄别教育"箴言"

阅读可以帮助我们甄别教育"箴言"。如何理解"没有爱就没有教育"以及如何看待"爱生如子""爱校如家"之类的"教育箴言"?不读亚米契斯的《爱的教育》、康德的《论教育学》、菲利普·W.杰克森的《什么是教育》、史蒂芬·柯维的《第3选择》,还真的就搞不清这一类的问题。究竟什么是爱,什么是教育之爱,"爱生如子""爱校如家"之类的言说究竟有什么不妥?

《第3选择》的作者说,爱一个人你就必须以上帝的形象来看他,而不是用我们所希望的形象来要求他。一个孩子生下来是怎么样,就是怎么样,而不是我们想要让他怎么样就怎么样,这才叫爱他。而我们呢,总是在用我们的要求"爱"我们的学生,于是,我们就会奉一刀切、军事化、标准化的教育要求为圭臬。

许许多多反教育的规定不正是打着"爱生如子"的幌子出现的吗?在这样的旗号下,我们原本觉得不可理解的主张与行动("考试工厂"那样的军事化管理、魔鬼式训练),不仅变得可以理解了,甚至于变得"伟大"而"高尚"了。

但是,如果我们知道了陶行知当年所提的"爱生如子"前面还有"爱满天下",我们就不可能狭隘地将教育之爱理解为"爱生如子""爱校如家"。

同时，我们还可以从康德这些哲人的论说中弄明白，所谓"教育之爱"，强调的是在教育中，无论是教师还是学生，不仅要有人与人之间的爱与情感，教育之爱，还要爱我们所教、所学的内容以及教和学的方式，乃至于我们所处的世界的方方面面。这爱和情感是包容的、慈悲的、博大的，同时，又是理智的，基于道德的。其目标就是不断地改善，试图使师生双方的每一个人（往大里去，还包括同事之间的、同学之间的、人与自然的、人与社会的）都在原有的基础上变得更好，进而通过我们的共同努力，使我们所处的世界变得更好。

这样的爱是需要时间的，是要靠一代一代的人的努力前行的，这是一个漫长的过程，不仅需要时间，更需要耐心和勇气，要的是身处其间的每一个人的付出和努力，用杰克森的话来说，需要每一代新人自由地在前人的基础上进行"调整和扩张"。

所以，我们在对待类似的教育"箴言"的时候，要想一想罗伯特·博斯特在《民主、专业知识与学术自由》中强调的"人人都有权利发表自己的意见"，发表意见，不能为争议而争议，意见要有一定的专业理论为支撑，一个意见是否靠谱，要通过同行评议来论证。这同行，一方面是当下的，另一方面自然包括那些智慧之书背后的智慧之人。

在阅读中寻找教育的"正道"

读梭罗的《瓦尔登湖》、卡拉汉的《教育与效率崇拜》等，给我最大的启发是，当下我们对"高效课堂"的追捧原来是有历史渊源的。为什么我们会热衷于"高效课堂"的打造？因为"在很多情况下，学校管理者们将自己视为企业管理者，或者按他们的说法，是'学校经理'，而不是将自己视为学者或者教育哲学家"。

八十年前,"(美国教育的)悲剧的本质就在于,忽视了学校管理与企业管理的区别,把学校教育彻底商业化"。反观我们当下的教育所出现的林林总总的问题,其中恐怕也有不少是因为地方政府出于成本考虑的缘故吧。每每总是会有官员用地方财政的开支主要用在教师工资和教育投资上了的言辞,表达他们说不出来的烦恼。于是学校拆并、集中办学、集团化办学就成了许多地方政府的不二选择。更为可悲的是,在这种狂热的追求下我们总是希望我们的教育能够出现着眼于"标准"的批量化生产的模式和技术,于是上上下下热衷于各式各样的"标准""规范"的制定,对"考试工厂"的追捧也就成了一种普遍心理。

效率崇拜对教育的影响,必然使学校在实用性、操作性上花工夫、动脑筋。热衷于"术"的"改课",层出不穷的教育模式、日益泛滥的"高效课堂"成为时尚的原因就在这里。"商业影响教育的途径有很多,主要表现为:通过报纸、杂志和书籍,通过教育会议的演讲,以及更为直接地通过学习董事会的活动。商业对教育的影响的发挥可以通过院外人士,可以通过记者,可以通过商业家或者企业家……无论是哪一种途径,其影响都会以建议或要求的形式表现出来,学校只会以更加商业化的途径和方式来组织和运作,其重点会立刻放到更具实践性和实用性的教育上。"这样的运作手段,卡拉汉早已经给我们分析得相当到位了,那些"考试工厂"影响力的扩大、迷惑性的增强,其主要手段与途径正是基于此。

卢梭的"人生而自由,却无时不在枷锁之中"的名句则告诉我们,只有在宁静的时候,哪怕片刻宁静,人们才能放下羁绊灵魂的所有沉重,在大自然中、在宇宙奇趣与命运交叉的城堡里,慢慢地明白什么是崇高。在热闹纷繁的教育江湖中,作为教师,我们想要恪守教育的底线,需要的不正是卢梭那样的冷静和淡然吗?

在阅读中学习教育科学

一个教师,想要做好自己从事的教育教学工作,没有相关的教育科学知识,不仅只能盲人摸象,而且容易被各色各样的"葵花宝典"所忽悠,大卫·苏泽等的《教育与脑神经科学》以及约翰·E.道林的《脑的争论:先天还是后天?》、安东尼奥·M.巴特罗等的《受教育的脑——神经教育学的诞生》等著作尽管不可能给我们提供"葵花宝典",但它们用脑神经科学,为我们撬动着教育学。

这些著作告诉我们的是,每个人的遗传基因是不一样的,这个不一样,决定了不同的人的智能因子不一样,有的具有特殊的天赋,有的就是平平常常,有的兴趣点在运算上,有的兴趣点在运动上,我们要让学生信心满满,就要努力找到他身上的亮点,他跟别人不一样的地方。接下来就需要鼓励,让他把跟别人不一样的地方发挥到极致。

斯特拉·契斯的《你的孩子是人》则指出,孩子不是一个需要父母用程序控制的小机器人。契斯认为,每一个孩子都是独一无二的,如果父母能欣赏这种独特性,孩子就能茁壮成长。她的研究验证了一位成功家长曾经对我说的育儿之道,"对待孩子的相同之处就是对他们区别对待"。

没有阅读《大连接》《人人社会》以及涂子沛先生的《大数据》、魏忠先生的《教育正悄悄发生一场革命》等书之前,就发现很多教育者,不管是资深的名师专家,还是初入杏坛的后辈晚学,总在谈论诸如"云计算""大数据"之类的时髦词汇,以显示自己的开明和先进,甚至听到专家说大数据背景下,教师会大量下岗。读了这些书就发现,其实那些专家并不一定真的知道"在线课堂""翻转课堂""高效课堂"这类被过度消费得几近娱乐化的字眼背后的真意与价值。

是不是连接上了互联网,就算是现代意义上的教学?是不是"砸烂讲台""给传统课堂打零分"就能更接近教育的本色?是不是逃离了学校,效仿乔布斯、比尔·盖茨、扎克伯格骄傲地"退学",我们的孩子就可一夜功成名就了?这些看起来有点乖谬的想法,却多少有着现实基础,在有些人看来,现在的学校教育早已经沦同于新时代的技术主义了——每节课都需要有多媒体,需要有精确的结构化切割,需要有场面热闹的讨论,并最终万佛朝宗式地得出某一标准结论。

在今天这个被称作"web3.0"的信息时代,世界正迅速地扁平化、一体化和个性化,"经验"和"体验"正作为新的元素在重新定义"知识",以一种前所未有的"智慧",影响着技术的发展和教育的需要。我们还是沿用大工业时代的教育思维,就难免怪相丛生了。

在阅读中走向教育"真理"

不读史蒂芬·柯维的《第3选择》、丹尼尔·卡纳曼的《快思慢想》、尼古拉斯·克里斯塔基斯、詹姆斯·富勒的《大连接》、克莱·基的《人人社会》,以及笛卡尔的《谈谈方法》、杜威的《我们如何思维》、克里希那摩提的《重新认识你自己》等,我就不可能去思考作为教师必须建构自己的教育哲学,让教育朝"真理"而去的问题,尽管我至今也没有找到教育的"真理"。但我慢慢地认识到倾听的意义和价值，以及包容不只是对一方的要求，包容不是妥协，还有要想避免直觉判断给我们带来的错误，就要在"快思"的同时让"慢想"跟上。

正如笛卡尔所言，一个人想要探寻真理，最要紧的是要不断学习，广泛涉猎，"博学旁通，连最迷信、最虚妄的东西也不放过，是有好处的，可以知道老底，不上他们的当"。"要想知道他们真正的看法，一定要看他们的实际行动，不能光听他们说的话"，因为"世风日下，有不少人不肯全说真话"，当然更多的是"由于有不少人并不知道自己的真心是什么"，我们要做的是"选择最合乎中道的"。《我们如何思维》《第3选择》《重新认识你自己》则从另一个视角为我们阐述了同样的道理，人只有不断地放弃自己的思想，方可以崭新的姿态迎接新的黎明。

《大连接》《人人社会》让我明白了人在社会网络中是如何与他人连接并发挥自己的影响的。"六度关系"和"三度影响"的理论，促使我对我们今天所热衷的"小组学习""合作探究"中所存在的问题有了更深入的思考，慢慢地想明白了解决这些问题可能的路径。没这些阅读，我只是凭直觉来看待问题，找不到问题发生的原因。

我更为感兴趣的是《快思慢想》中谈到的一种生活方式：茶馆式闲聊。作者认为这样的方式可以增进我们的洞察力，看到并了解他人的判断和选择出现什么错误，进而了解自己所犯的错误在哪里。所谓"闲暇出智慧"原来是有依据的。另外作者告诉我们，作为人，我们内心都有两个"我"，一个是行动和直觉的"我"，一个是理性和小心的"我"，所以当我们面对问题的时候，不管我们的直觉如何，我们的行动一定要冷静而仁慈，只有这样，我们才可能得到冷静而仁慈的回报。

若是没有这样不停地阅读和思考，我还真的没办法从源头上剖析教育今天如囚徒困境般的局面。一个教师，如果能从尊重教育的人文性出发，在教育哲学的支撑下，摆脱唯效果论英雄的思维定式，或许就有可能弄清楚自己当下所作所为的出发点和最终归宿，学会做一个负责的、充满爱的、富有建设性的教师。而要获得真正的专业能力和专业思维没有捷径可走，必须依靠不断地阅读，以及与阅读相关的思考和实践。

阅读的关键是让自己经历实实在在的阅读体验和思考，在体验和思考中改变我们的教育理念，进而改善我们的教育生态和教育方式。我的阅读，总是围绕具体的教育教学问题展开，因为我不仅不是理论研究者，而且也没有接受过正规的大学教育，充其量只是一个教育实践者。作为实践者，阅读的毛病就是泛泛而读，泛泛而读是读不下去的，是没有味道的。要想解决这样的问题，就需要一个抓手，即围绕具体的教育和教学问题来读，一方面要"六经注我"，另一方面更要"我注六经"。

我习惯于批注式阅读——边读边画，边读边想，边读边写。我读过的书，大多写满了我即时的评注与反思。我以为批注式阅读的好处在于以读促思，以思促改，以改促写，边写边读。读的时候没有自己的思考，没有筛选，没有判断，没有问题，就变成了一块海绵，就只有吸收，管不好还要漏掉。读了想了，不付诸行动，最多只可能成为理论的巨人，当你付诸行动了，理论才可能成为你的认知和经验。有了自己的经验，记录下来，不仅可以与人分享，还可以帮助自己对问题的再思考、再认识，写的过程会促使我们回过头来再读，甚至驱使我们去读更多的书籍。

当我有意识地将自己的所见所闻、所思所想与那些智慧的言辞联系起来,看起来深奥的经典,也就不那么深奥了。慢慢地我们也就有可能变得智慧起来。如果你用心啃了一本经典,那么有可能所有的教育经典对你来说已经不是问题了,因为教育的源点在那些智慧之人的认识里是相通的,只不过表述不同而已,或者说是立场不同,角度不一。一本读透了,其他相关的观点和相左的观点思考一下,自然会有自己的判断和选择。

我的另一个习惯是,同一时间读好几本书,读的时候将这些不同的书的相关内容有意无意地串联起来思考。有句话说"功夫在诗外",说的是为写诗而写诗是写不出好诗的,同理,身为教师只读与教育教学相关的书是远远不够的,"教育即生活",身为教师还是应该尽可能多地涉猎一些与教育没有直接关系的书籍,视野开阔方能应付自如。当然首先是教育经典,其次是教育哲学经典,再就是文学、社会学、人类学、哲学和宗教类的书籍了。天下的书很多,我们不可能,也没有精力把所有的书都读到,所以我选择读经典。有些书我会反复读,有些书我只浏览一下放在那里,什么时候遇到与之相关的问题了,找出来比对比对。

我还有一个习惯就是及时与人分享阅读的收获与乐趣。当我读到一本好书的时候,我会迫不及待地告诉我远近的朋友,同样我也会时不时地向他们索取他们最近阅读的书目。我不仅会在我的博客、个人网站、QQ空间,以及我的手机App终端等自媒体平台介绍我读过的书籍,推荐我曾经读过的和正在阅读的书目,还会利用一切可能的机会推动阅读。比如在一些报刊开设读书栏目,利用外出做讲座的机会推荐书目,在组织全区教师培训时向受训者推介阅读等。

当我阅读了《收获幸福的教育》《学校会伤人》《教育与效率崇拜》等书籍以后,我就在我加入的那些QQ群里吆喝,粘贴我的阅读笔记,没想到许多朋友在我的"怂恿"下,也买了这些书籍来阅读。广西钦州市一所中职学校的老师给我留言:"宗叔好!在您的博客中看到推荐的《学校会伤人》一书,买回来刚看了30多页,就被我们的校长兼教育局长借去看了,真的盼望这位大领导看到您推荐的这本好书后会有所感悟。谢谢您的推荐!"

2013年7月,山西太原某区在中北大学组织教育培训,原本是请我去谈学校文化建设的。当我到达那里,听说他们的局长在开班仪式上强调了校长读书的必要性,我就将原本准备好的话题给放弃了,连夜准备了一个"读书理解教育"的话题,没想到居然收到了意想之外的效果,一家出版社的几位编辑朋友听说改成了这个话题,竟然放下手头的工作赶到那里来听这个讲座。

教育者就应当是读书人,校长和教育管理者更应该成为读书人,成为师生乃至整个社会读书的引领者和推动者,学校和教师培训机构更应该担当起教师阅读推广的重任。当越来越多的教育者喜欢上阅读的时候,也许我们的教育改良就将成为可能了。

阅读的背后有一扇门,当你推开它,一定会有意外的惊喜。

目 录

前言 / 1

第一辑　我们这样理解教育 / 1

1. 教育,是要发呆的 / 3

2. 教育是一种唤醒 / 5

3. 关于"教育即生长"的再认识 / 9

4. 教育是母性的 / 13

5. 作为"为了人"的教育 / 16

6. 作为"勇者之为"的教育 / 20

7. 没有勇气就没有教育 / 23

8. 教育还是要有感性的 / 26

第二辑　寻找理想学校的走向 / 29

9. 对学校的满意与不满意 / 31

10. 学校与课堂应像小村庄 / 34

11. 教育要的是陶冶 / 37

12. 所谓好教育 / 41
13. 学校教育目标是基于人的 / 44
14. 想象之于教育 / 46
15. 教育需要保守主义 / 49
16. 要有自己的思考和选择 / 52

第三辑　改变从自己开始 / 55

17. 改变，从自己开始 / 57
18. 在"电视催眠式的社会化"背景下的教师 / 60
19. 教师的职业使命 / 62
20. 让我们成为学习者 / 65
21. 在读写中创造 / 68
22. 教师的有效战略 / 71
23. 作为教师的另一种阅读 / 74
24. 警惕言语的欺骗性 / 77
25. 批判性反思的威胁 / 80

第四辑　在热闹纷繁的教育世界中 / 83

26. 教育神话为什么有市场 / 85
27. 当教育为了赢利 / 88
28. "流派"还是"宗派" / 92
29. 模式化的阴谋所在 / 96
30. 为什么"模式化"的教学是荒唐的 / 99
31. "高效课堂学"之类是一种"文化侵犯" / 102

32. 不做"博学的无知者" / 106

33. 灌输式教育的实质 / 109

第五辑 我们需要怎样的课堂 / 113

34. 学校差异所在 / 115

35. 在"器"与"道"之间 / 118

36. 学校教育的困境所在 / 121

37. 提高课堂生活质量靠什么 / 124

38. 如何理解教学关系 / 127

39. 教育关系是人与人的关系 / 130

40. 对话是一种创造行为 / 133

41. 从驯育走向教育 / 136

第六辑 从孩子的角度来思考 / 139

42. 从无知到教化 / 141

43. 教育与修禅 / 144

44. "爱生如子"的"爱" / 147

45. 关于"课程意识" / 149

46. 教育是基于情境的 / 153

47. 情境,更多应该是当下的 / 156

48. 帮助,基于不同的学校和不同的个人 / 159

49. 教育,不能让孩子失去创造美好生活的能力 / 163

50. 教学质量的提高,有赖于教学环境的改善 / 166

51. 没有健康,就没有人的发展 / 169

52. 不要像做好事一样的做坏事 / 172

第七辑 建构自己的教育哲学 / 175

53. 学校不是一个人学习的唯一场所 / 177

54. 生长的奇妙,在于不能预设 / 180

55. 习惯是人的"第二天性" / 184

56. 由"我—它"走向"我—你" / 188

57. 谈话与对话 / 191

58. 该松手时要松手 / 194

59. 迂回不仅是一种选择 / 196

60. 一个人并不是另一个人的对立面 / 199

后记 / 202

附:我这几年读的部分书目(2008—2014) / 205

第一辑
我们这样理解教育

❶ 教育,是要发呆的

《教育的哲学基础》在谈及理念论者对教师角色的认知的时候谈到,教学在本质上就是一种"高尚的道德召唤",而教师就应该成为榜样,即他们的生活将会被学生效仿。

细想想,我们现在能让学生效仿的有什么呢?有的只是日复一日的讲授、训练、考试、甚至排名与说教。因为,在当下这个浮躁不安的社会与教育生态中,我们的教育,有的只是拍脑袋,想当然。总以为训练是提升学习质量的唯一途径,总以为学习是应该高效的,于是总是在建构所谓的高效教学模式和加大训练的力度与频率上花气力,很少有闲暇去思考我们教育与教学的终极目标究竟是什么。

奥古斯丁认为,一个人通过沉思和信仰能专心于上帝、超越世俗,许多教会学校仍然把苦思冥想作为平常训练学生的方式。[①] 看看我们现在的教育,不要说学生,就是教师,哪来时间沉思呢?即便有那几个人在那里沉思,恐怕在许多人眼里不是呆子就是傻子了。

心理学的研究表明,发呆是人的大脑对于外界事物进行调节的一

---

① 《教育的哲学基础》,(美)奥兹门著,石中英、邓敏娜等译,轻工业出版社,2006.09,第17页

种应激反应。发呆可帮助人们减轻疲劳,对大脑来说,是很好的休息。处在这种状态下的人们会突然不愿意思考,使自己停滞在一个安静的氛围里,忘记一切。会发呆的人,觉得发呆是一种享受,因为发呆的时候可放开所有,不再有烦恼和忧愁,整个空间都是属于自己的。

发呆能创造纯净的自我空间,安静的冥想可以促进血液循环,为组织器官输送大量的氧气和营养,对于减少焦虑有着明显的作用。因此,在发呆的时候,人是轻松、快乐的。可见发呆不仅无伤大雅,还有利于健康。

我以为,生而为人,发呆可不单单是一种休息和调剂,具有生活情趣的人,往往会时不时地找一个相对安静的地方坐下来,或者依着树木发发呆,这时候的他什么都不想,有的只是"呆",这呆呆的片刻,对他们来说,就是一种享受。而对另一些人而言,发呆的过程更是一种静心思考的方式。发呆时间长的几个小时,短的几分钟,许多奇思妙想也就在发呆中出现了,更好玩的是许多想不通的问题,会在这发呆中忽然明了了。

一个人,尤其是作为教师和学生的人,如果连发呆的时间和习惯都没有,恐怕是再可怕也没有的了。

教育的问题,大家都在讲,可是很少有人去想,教育的许多问题是要我们在发呆中追根求源的,根源找到了,路径也许就会出现在我们的眼前了。

❷ 教育是一种唤醒

记得我刚到二甲中学任职不久,就提出了这样一个主张:教育有时就是一种提醒。许锡良为此专门写了一篇文字,说这是一个"很深刻的教育哲理"。当时我关注的只是他对"教育有时候就是一种提醒"的解读:"人的一生,其生命内在的规律与生命的密码已经蕴藏了许多东西,这些东西都是生命中与生俱来的,我们的教育并不是全能的,无论学校还是教师都不能够代替学生成长。但是,我们却可以创设条件帮助他们成长。人在成长过程中,有时需要的仅仅是一个提醒",根本没意识到什么哲学不哲学。

这些年读《教育的价值》等教育哲学著作时,总会看到"教育是一种唤醒",譬如奥古斯丁就有这样的表述:"我认为有一种'教'是通过'唤醒'来进行的,这是一种非常重要的方式"[1],这才意识到许锡良当初绝不是恭维我这个主张,他的阐述是有哲学理论背景的。而我提出"教育有时候就是一种提醒"的背景只是我身处的学校教育实际。作为管理者,每每面对一些工作要求做不到位的时候就难免纠结,但总

---

[1] 《教育的价值》,(西)费尔南多·萨瓦特尔著,李丽、孙颖屏译,北京大学出版社,2013.09 第162页

不能因为下属工作不到位就光火啊,因为许多工作是要他们去做的,再说观念的改变也不是一朝一夕的,光火不仅解决不了问题,说不定还将自己推到师生的对立面上去了。但事情总要做下去,身为管理者就只有在提醒上下功夫了。

唤醒就不一样了,费尔南多·撒瓦特尔在《教育的价值·不是结尾的结尾》中指出:良好的教育最显著的影响就是"唤醒受教育者的内心,想要接受更多的教育、领悟更多的新知、体会更多的经验"。因为"受过良好教育的人并不是什么都知道"[1],但只要愿意学习更多的东西,就不会被伪教育与假教育所迷惑,作为管理者必须在管理实践中引领教育者明白,我们当初"在中学或大学里接受的教育,并未真正一直都被激情或热情所点燃,而只是被小的染色所掩饰和装饰"[2]。也就是说,作为教育者,我们仍然需要不断唤醒自己内心深处原有的善良与激情(更多的恐怕还有作为教育者对教育应有的基本认识和追求)。这唤醒更多的还不是来自外界的,而是要发自内心,或者说是一种自在自为的动力,抑或是所谓的"文化自觉"。也就是说,教育要基于教师本位,让教育首先成为教师生命自觉和能量增长的过程。我觉得教育者的自我唤醒意识,不仅来自于自己的教育实践,更重要的恐怕还是应该来自个人的阅读、记录与思考。这当中阅读应当占据相当重要的位置。

站在学生立场来讲,用涂尔干的话来说,"教育不过是一种手段,社会借用这一手段,让孩子们获得日后在社会上生存的基本条件","教育是年长一代对还没有为生活做好准备的一代所施加的影响——采取的一种行为,意在孩子们身上唤起及培养一定数量的身

---

[1][2]《教育的价值》,第 146 页

体、智识和道德状态,这些状态既是政治社会所要求的,也是其日后注定所要置身其中的特定环境所要求的"[1]。教育者对被教育者的唤醒,与教育者的自我唤醒的根本区别在于它是外在的,所以我们在具体的教育实践中最要紧的是我们所讲的道理必须是浅显易懂的,是孩子们所处的年龄阶段的思维所能理解的,而不是远离孩子们的认知的。这让我想到一位小学生的家长同我谈及的一件好玩的事情:在期末考试前,她上小学二年级的孩子的老师要每一位小朋友为自己的期末考试设定目标。我当时下意识地问了一下这位母亲,你说你的孩子这个年龄理解什么是"目标"吗?细想想我们的教育,有多少时候是基于孩子的年龄、心智、性情、喜好的呢?恐怕我们的道德教育在这方面是最典型不过的了——小学生谈爱国,到大学才谈爱生命,这鬼怪式的教育梯度是多么的不可思议,然而我们还津津乐道。

同时,我们还要意识到,出于"教"的唤醒的形式绝不只是言语的,还应该有更为丰富的多样化的手段,譬如游戏、社团活动、社会实践等。最终的目标恐怕还是要着眼于孩子的自我唤醒与觉醒上。可见唤醒是一个不断反复的过程,觉醒就更不要说了。所以,教育是要有耐心和恒心的。

费尔南多·萨瓦特尔引用蒙田谈及好教师需要具备的条件时说:"要根据孩子智力的实际发展情况,教给他独立欣赏,让他自己去识别和选择事物,有时带领他前行,有时则放手让他自己去摸索。"[2] 也就是说,教育的方式是有讲究的,是要多种多样的,方法不当是会出问题的,正如洛克所说,"教育上的错误是无法挽回的,就像配错药一样,一旦第一次

---

[1] 《教育的价值》,第184页
[2] 同上,第167页

错了,很难得到弥补,它将会在人生的每一步都打上深刻的烙印"[1]。

可见作为唤醒的教育,对教育者的要求之高就在于教育者不仅要有自我唤醒的意识,更要有唤醒他人的意识、技能和艺术。教育者重要的素养之一就是要在教育中获得唤醒自己与他人的能力。

---

[1]《教育的价值》第172页

❸ 关于"教育即生长"的再认识

读《民主主义与教育》我们会发现杜威有这样一个基本观点：教育的目的就是生长。除此之外没有别的目的。正是在这样的哲学思想下，他又明确地告诉我们，教育是一种生活需要。教育是解放个体的一种途径，是帮助个体朝着恰当的个人和社会目的持续不断地生长的途径。

在杜威看来，"生命体与无生命体之间最明显的区别，在于前者以更新维持自己的生命"①，这就是教育的必要性所在。也就是说，教育是一种生命的传递，而生命则是"在与环境的互动中自我更新的过程"②。尽管"生命体不能胜任无限期的自我更新任务，但是，生活过程的延续并不依靠任何一个个体生命的延长"，因为人都有终年，都不可能将知识永远带在身上，所以，势必需要传给下一代。"社会群体每一个成员的生和死这些基本的不可避免的事实，决定教育是必要的。一方面，群体存在着不成熟的新生成员——他们是未来唯一的希望——和掌握群体知识和习惯的成熟成年成员之间的对比"。这就

---

① 《教育的哲学基础》，第 157 页
② 同上，第 158 页

使得"这些未成熟的成员不仅要在生理方面保存足够的数量,而且要教给他们成熟成员的兴趣、目的、知识、技能和实践,否则群体成员就将停止他特有的生活"①。这个传递,就是教育的由来。

也就是说,社会通过传递过程而存在。而这种传递又"不能像搬运砖块那样,从一个人传递给另一个人,也不能像人们用切成小块分享一个馅饼的办法与人分享"②,因为教育不像工业,你说给个原料,给个程序,产品就可以生产出来了,教育不是这样。它是育"人"的,需要有精神层面的沟通,依靠的就是交流。实际上,这个交流是建立在经验的基础上的。既然如此,交流的好与坏,就决定了教育的效果。这个交流(或者说对话),需要建立在双方对等的情况下以"沟通使参与者相互理解,它使交流的双方具有相似的情感和才智偏好,比如对期待和要求做出回应的方式"③。从这个角度来理解生活需要的教育,沟通交流就成了教育的基本途径。这种途径,又是与人和人的距离没有多大关系的。因为,如果我们没有共同的目的,不在同一个话语系统,我们就不可能形成共同体,于是双方即便面对面,也是无法形成对话与交流的。也就是说,我们必须认识到"甚至在最社会化的群体内部,有许多关系还不是社会化的"④,这就是我们常常碰到的,同在一个群体中为什么会出现"话不投机半句多",甚至于格格不入的原因所在。

用杜威的话来说,就"亲子关系、师生关系、雇主和雇员的关系、统治者和被统治者的关系而论,他们仍旧处在这个水平——并没有形成真正的社会群体,不管他们的各自活动多么密切,相互影响多么

---

① 《教育的哲学基础》,第 158 页
②③④ 《教育的哲学基础》,第 159 页

大",譬如上对下也能通过"发号施令能改变行动和结果,但是它本身并不影响目的的共享和兴趣的沟通"①。也就是说,在没有成为真正的社会群体的情形下,人与人的相互影响是单向的,是上对下的,是不平等的。遗憾的是,这样的现象,在现如今的教育实际中还是相当普遍。所以,教育必须是在对等的情况下发生作用的。

当我们认识到这样的现实情况时,我们要做的就是在师生之间,在同学与同学之间营造一个适合学习和交流的环境:教师必须用自己渊博的知识为向导,而不是把自己摆在掌握学科知识的"监工"的位置上。当然,我们也必须认识到,偶尔进行练习和背诵是有用的,但这绝不是教学的主要任务。尽管"要交流必须将经验条理化,而要做到这一点就必须站到经验的外部"②,也就是说,要尽可能忘掉自己的教师身份,以一个旁观者的身份来审视和思考我们与其他人——同行、学生、家长等人的所有联系,以实现我们经验的表达方式和途径能够触动他人。只有当我们成为沟通的对象时,我们的经验才能扩大与改变,我们的所想和所感以及我们的态度才会或多或少的改变。这就需要我们努力使自己的经验条理化。

如果交流的问题解决了,下面就是效率的问题。如果总是交流千篇一律的东西,就会流于形式,慢慢机械化,甚至又回到工业化的那一套。而每一个人是不一样的(主要是他的环境、遗传、文化等等),他的经验有独特性,所以教育同时要有个体化的一面。当我们认识到学校教育模式化的危害所在的时候,我们才可能明白作为教师的角色功能就在于帮助学生的生命生长,当然也包括我们自身生命的丰富与生

---

①② 《教育的哲学基础》,第160页

长。只有当我们意识到教材内容与当下的生活相去甚远的时候,我们才可能在教学中努力还原知识要素,使教材知识与社会现实成为一个整体,进而使这个整体朝着有助于我们生命生长的新的方向发展,并形成新的见解和经验。

从这个角度来看,作为一种过程的教育,必须关心每一个个体的生长,不仅意味着帮助每个个体对自然的理解,还意味着对整体和谐民主生活的理解、追求、鉴别与欣赏;更在于提升每一个个体的人文精神,增强个体的社会经验,帮助人们努力在当前的自然、政治、经济与社会现实问题中寻找新的有助于解决问题的路径,以增加个体与社会的福祉。教育在最广泛的意义上就是这种生活的社会延续,这延续就是最大的生长。

❹ 教育是母性的

西班牙马德里中央大学哲学教授，著名哲学家费尔南多·萨瓦特尔（Fernado Savater）有一本《教育的价值》。北京教育出版社在书的封底是这样介绍这本书的：

每每说起我们这个时代的担忧，人们都会提及暴力、种族主义、不宽容、吸毒等，最后往往会得出一个结论：这些问题都应在学校里解决。但是我们也知道，几乎所有国家都存在教育危机，老师、父母、学生之间充满各种各样的混乱，在当今这个动荡不安的世界上，作为个人，该如何面对、把握，乃至教育孩子？比较合适的做法就是追问：什么是教育？它的价值是仅仅传递知识？还是培养具有民主精神的公民？《教育的价值》回答了上述这些问题，并探讨了纪律与自由之间的张力、没有人情味的人文教育、家庭教育的衰落等，讲述了什么是真正的教育，对探讨国内教育问题具有一定的启发意义。

这本书的序言中作者有一个很有意思的表述："我用的'老师'的名词是阴性的"。这一是因为西班牙"基础教育的重担通常都是由女性承担"，而更主要的是，他还想"把这本书当成一份爱的献礼，送给我的启蒙老师,我的母亲"①。萨瓦特尔的暗示很明显,他其实想告诉我们:教育的哲学基础,如果从人格化的角度说,应该是母性的。

清末状元张謇早在 20 世纪之初,就有过这样的表述:"父教育而母实业。"类似的表述还有"教育为实业之母","教育者,万物之母"。其实我们知道"父教育而母实业"用的是互文手法,旨在强调教育与实业都是强国之本;"教育为实业之母"则进一步强调了教育在社会发展中的重要地位。

我们说教育是母性的,主要是从母性特征来看的。母性的特征在包容,在孕育,在慈爱,在柔弱。在这一点上,西方和东方是相通的,我们的老祖宗就主张"守弱""上善若水""天下之至柔,驰骋天下之至坚"等。一个做教育的人,应该是心特别软的人,不懂"仁者爱人",根本无法胜任这项工作。有一颗慈爱的心的教师其内心必然是柔弱的。内心柔软,才能放下身段;内心柔软,才可能在孩子面前示弱;内心柔软,才可能用自己的努力去贴近孩子,反之必然会让孩子敬而远之。

实际上,我们面对的教育对象都是"用他的持续存在和能力来证明自己","他的发源地(即生物学起源、种族起源、家庭起源、文化起源、国族起源、社会阶级起源等)并没有预先注定他就要遵从其他人确立的等级制度机会"②。也就是说,面对不同个体的人的教育,首先需要的,就是包容。教育只有适应每个人的具体情况,采取相应的措施,才有可能将每个人培育成适应社会需要的人。所谓"海纳百川,有容乃大",有包容才可能有孕育。所以我们必须思考,在我们的教育实践中究竟"是该用统一的模式教育所有的人,还是该根据其不同发展方

---

① 《教育的价值》,第 5 页
② 同上,第 118 页

向采取不同的教育模式"①？可见,母性的慈爱与包容,自然应该对不同个性的孩子是包容的,更是会采取不同的教育方式的。

包容又是孕育的必要条件,没有包容就没有孕育。孕育的特点在于它是一个漫长的过程,是急不得的,尤其对教育来说,更不可能一蹴而就。教育在很多情形下需要等待。母性的教育需要的是耐心。因为教育的过程总是起起伏伏,伴随着喜怒哀乐悲恐惊,所以从事教育的人,还要有胆量,有毅力,有信心。这些品质,显然都与人的"善居下""善守雌"的母性一面有关系。我们说母亲是伟大的,因为她孕育了新的生命;同样,教育也是伟大的,因为她传承并创新了人类历史文化,所以费尔南多·萨瓦特尔对教育的价值用了一个诗意的说法:"温暖人性的乳汁"。

---

① 《教育的价值》,第111页

5 作为"为了人"的教育

努斯鲍姆的《告别功利——人文教育忧思录》指出了这样一个现实：当今大多数国家的教育过于追求功利的目标，将教育视为经济和利益的工具，"大多数学生自幼受到的教育都使他们认为：找个好工作是教育的首要目的"[①]。这种将眼睛盯在利益和效率上的教育，正日渐给世界带来巨大的危机。身处这样的教育现实中，我们必须弄清楚这样一个迫切需要弄清楚的问题，这就是我们究竟需要怎样的教育？这个问题不弄清楚，我们当下所做的一切努力也就毫无意义。因为在唯经济和利益的目标指引下的教育，导致学生们所学课程范围相对狭窄，自我培养的意识相对淡薄，于是人文和艺术所追求的高贵的理想与境界已显得苍白无力了。然而我们必须明白的是，人文和艺术的教育才是教育的本质所在。

努斯鲍姆十分推崇泰戈尔在《人的宗教》中关于人文教育的追求："人类只有培养更具包容性的同情能力，才能进步，而这种能力只有依靠一种教育才能得到培养，那种教育重视综合学习，重视艺术，重

---

① 《告别功利——人文教育忧思录》，(美)努斯鲍姆著，肖聿译，新华出版社，2010.01，第147页

视苏格拉底式的自我批判。"① 让她痛心的是,在泰戈尔的故国印度,"人文学科的内容正在衰落——而人文学科的地位原本已得到了保障。教学方法又怎样呢?数十年来,死记硬背的教学方法在印度已成了主宰。致力于向大量读写能力很低的国民普及读写能力,这样一个国家重视灌输式教学,忽视通过提问质疑、审核证据和想象地表达来增强学生的能力,从某种意义上说,这并不奇怪。如果想到死记硬背的教学方法在印度的殖民地时代就是主宰,我们就更容易理解这种结果了"②。读到这些文字的时候,我思考的是同为文明古国的中国,现实的教育又何尝不是如此呢?

面对当今教育普遍存在的人文性缺失的现实,努斯鲍姆呼吁:"世界上的学校、学院和大学便有了一项重要而紧迫的任务:培养学生的一种能力,那就是能将自己看作由多元文化构成的国家(一切现代国家都是如此)的成员,进一步地说,能将自己看作由多元文化构成的世界的成员,且能大致地了解世界上各种人群的历史与特点"③,因为"教育不仅是为了培养公民素质。教育能培养从事各种职业的人员,重要的是,教育能培养出使自己的生活有意义的人"④。然而,作为利益与经济的工具的教育,可悲之处在于"'儿童拿起书本,却毫无求知渴望,毫无警醒之心,毫无质疑态度,这会造成一种可悲的普遍结果:这种对书本的可怜依赖削弱和损坏了思想和探询的活力。'这种顺从态度,不但对人生极为不利,更是对民主的致命威胁,因为没有警

---

① 《告别功利——人文教育忧思录》,第78页
② 同上,第156页
③ 同上,第91页
④ 同上,第10页

醒的、积极主动的公民,民主制度就不能生存。因此,儿童不应一味地听讲,而应始终做到:理解事物,思考事物,提出疑问"①。

在努斯鲍姆看来,"教育是为了人",是为了让人变得相互尊重与民主平等,是为了培养有智慧的世界公民。这样的教育至少必须包括三种能力:第一,批判性地检讨自己、检讨自己对待传统的能力;第二,接纳并关心他人的能力;第三,设身处地为他人着想的能力。她特别强调这样的教育"必须从人文学科的、批判思维的角度,结合宗教研究和正义理论的研究,去教授世界历史和经济学知识,才能使它们发挥最起码的作用"②。这样的教育致力于"使学生和教师都更热情参与思考和想象,这样的教育能够降低成本,因为它减少了失常的混乱和时间的浪费,而缺乏个人的热情投入,则往往会出现这两种状况"③。"我们需要培养学生的'内心视点',这意味着艺术和人文学科教育中仔细、熟练的指导(应与儿童的年龄和成长水平相适应),使学生接触到性别、种族、民族问题和跨文化的体验和理解。这种艺术教育能够并且应当与培养世界公民的教育结合起来,因为艺术作品往往是使人开始理解一种不同于自己的文化的成就与痛苦的方式,价值无比"④。

要实现"为了人"的教育,我们必须"将中小学教室变成实践苏格拉底教育思想的课堂",让"学校和教室的总体风气,必须融入对学生积极思维能力的尊重"⑤。让教育和教学成为对话的过程,成为启发心灵和思想的过程,成为一种自我实现的过程。她指出,"苏格拉底对

---

① 《告别功利——人文教育忧思录》,第 74 页
② 同上,第 104 页
③ 同上,第 134 页
④ 同上,第 121—122 页
⑤ 同上,第 88 页

待对话者的态度,则与他对待自己的态度完全相同。人人都需要接受检查,在辩论的观点面前,人人平等。这种批判态度能表明每个人的立场;在辩论中,找出共同的想法和一致的观点,有助于公民同胞得出共同的结论[1]"。也就是说,教育不是提供一种既定的、权威性的标准看法,而是通过有序论证的方式,给人们以挑战,进而帮助个人实现自主、有序而深入的分析与反省,以此构建个体健全的人格,培育出更多有反思精神的人,这个过程在于"加强个人责任感,加强将他人看作明确个体的倾向,使人更愿意发出批评的声音"。这样的教育"也许不能造就坚决反对一切操纵的人,但能造就一种社会文化,它本身就是一种强有力的、主导的'情境',它能加强一些心理倾向,它们反对诬蔑和主宰他人"[2]。

然而,当我们面对我们当下的教育现实时,我们不得不思考这样的问题:苏格拉底教育思想的课堂离我们究竟有多远?

---

[1] 《告别功利——人文教育忧思录》,第59页
[2] 同上,第49-50页

❻ 作为"勇者之为"的教育

《教育的价值》在《致老师的一封信》中是这样解释这本书的书名的:"我所说的'教育的价值'中的'价值',有两层含义:教育是有益的、很重要的和有效的,但却也是一种勇者之为,是人类迈出的勇敢的一步。"①

这里说的有两层意思,一层是希望我们认识到教育对于人的成长的重要性、必要性和有效性,是有助于使人成为人的事业;另一层说的是教育是一种异常复杂的工作,在当下其复杂性主要表现在我们已经迷失了教育的方向所在,许多时候我们已经相当尽力了,却往往收效甚微,甚至还会遭遇冷嘲热讽,以至打击压抑。这一点吴樱花老师的《孩子,我看着你长大》就是一个例证。如果我们不能忍受挫折和打击,我们就无法将我们的工作继续下去,更不要说所谓的坚守与坚持了。

教育要有益、有用、有效,光看字眼又是很容易让人迷惑的。我理解的有益、有用、有效,首先是基于人的生命成长的,也就是从使人成

---

① 《教育的价值》,第15页

为人的教育目标出发。这也就是费尔南多·萨瓦特尔所说的"教育经常是一种尝试救援同类命运","将人从动物性中跳脱出来",即是一种让人获得真正自由的活动。而不是只关注学生学业成绩,甚至不惜以流水线方式生产统一规格的产品的产业。因此这有益、有用、有效,更多的应该是从孩子的心智健康和社会健康的角度出发的。借用尼采在《论我们的学校未来》中谈及现代学校的未来时的话来说就是:"现代学校/教育的目的将必须是:让每个个体都获得进步,让所有的个体都能得到发展。通过这种方式可以增加知识,并从知识中知晓,他们可以获得最大可能的幸福和收益。每个人都将必须有能力去准确地评价他自身,将会必须知道他能从生活中得到多少。"[1] 也就是说让每一个人都获得进步的教育才是有益、有用、有效的。

既然教育要"让每个人获得进步",它的出发点就应当是基于个人的,方式方法也应当是从每一个个人出发的,而不是只基于某种统一的标准、流程、方式或方法。面对当下学校教育的现实问题,费尔南多·萨瓦特尔清醒地认识到:"解决的办法并不是寄希望于学校身上",如果我们"指望把学校变成兵营或管教所,在那些地方,青年人会被军事纪律或监禁控制这些强有力的手段给'规范化'",作为为了人的教育的学校"必须培养自由的公民,而不是狂热的严守纪律的士兵"[2]。一个"明智的"老师,心中的教育目标不仅基于教育的根本目标和社会健康的需要,还应当是立足于每个学生的心智特征和年龄特点,选择和采取相应的教育策略,更应当具备能够容忍学生对老师教的东西保持"不敬"甚至怀疑,乃至异议讽刺的态度。这样的教育才

---

[1] 《教育的价值》,第 181—182 页

[2] 同上,第 76 页

可能是有益、有用、有效的。

所以,费尔南多·萨瓦特尔又说,教育是一种勇者之为。"在教育问题上,不该有懦弱、胆怯或多疑之举。但问题是,我们所有人都会感到害怕,生出怀疑,感到绝望,孤立无助,所以说在一个需要教育但却又迷失教育前行方向的社会中,教师这一职业,非常容易让人生出心理挫败感,陷入抑郁,疲惫不堪,让人泄气,有被漠视或忽略感。"[1] 也就是说,作为教师,需要有莫大的勇气面对随时而来的冷嘲热讽、疑惑误解、质疑批评,甚至诋毁诽谤,没有这样的勇气,我们是不可能恪守作为教育者应有的操守和底线的,更不可能在纷纷扰扰的迷乱中找到教育本当有的方向和路径。

当然,所谓"勇者之为",还应当表现在我们对当下从事的教育实践的反思上。一个明智的老师,他会时时刻刻反思当下教育实践的具体现象和问题,探寻这些现象与问题产生的根源,进而思考解决这些问题的路径与方法。更重要的是,他会在自己的教育实践中有意识地避免他所看到的问题在自己身上出现。也就是说,他会坚持自己认定的教育目标和主张,排除艰难不断前行,并在前行的道路上不断修正和完善自己的目标和主张,使之变得更为明晰和明确。

是不是可以这样说,作为"勇者之为"的教育才是有益、有用、有效的?

---

[1] 《教育的价值》,第15页

❼ 没有勇气就没有教育

《十封信：写给胆敢教书的人》在扉页上开宗明义地写道："我的写作目的是，告诉读者，讲师——同时也是学习者——工作，既有趣又严格。它要求严肃性，以及科学的、物质的、情感的准备。它是这样一种工作，要求那些从事教育活动的人培养特定的爱，不仅爱他人，更要爱教学所包含的过程。没有爱的勇气，没有不轻言放弃的勇气，就不可能有教育。"

也就是说教育工作应该是一项相当有趣的工作，因为我们的工作面对的是一个个富有丰富情感而又各具特点的人，正因为如此，从事这一工作的人首先应当是一个极具爱心而又具备丰富的情感世界的人；也因为我们面对的是各具特点的人，我们对自己将从事的工作既要有严格的要求，又要有严肃的态度，要明白教育是每一个细小的举措都马虎不得的。

教育作为一件非常严肃的事，还因为"作为教师，我们要和民众、孩子、青少年、成人打交道。我们要参与他们的发展过程，帮助或阻碍他们探求事理"[①]，如果"我们在教育实践中没有能力、准备不充分、不负责任，都会导致他们的发现过程失败。但有了责任心、科学的准备

---

① 《十封信：写给胆敢教书的人》，(巴西)保罗·弗雷勒著，熊婴、刘思云译，江苏人民出版社，2006.12，第59页

和教学的兴趣,有了严肃的态度和与不公正作斗争的宣言,我们就能够逐步将学习者转变为世上坚强的存在"①。

我们要知道,教育不是一件立竿见影的事情,它总是会在反反复复的挫败中行进。再加上我们面对的是"低工资,缺乏尊重,时时存在的变得玩世不恭的风险"②,作为敢于做教师的人,必须有勇气在我们熟悉的条件下教书,敢于说爱——爱我们自己,爱我们的学生,爱我们所从事的教育教学工作,当然更应当有勇气去爱我们所处的这个危机与风险随时可能出现的现实世界。

也许作者这样的认识与他的人生际遇有关(他坐过牢,不久又被巴西驱逐出境),但更重要的是他坚信身为教师,我们更应该将时间花在改变、教化这个世界上,因为现实环境如此,一味地抱怨不仅于事无补,更可能使我们变得消沉,甚至充满怨愤。我们唯一应当认识和选择的是"从事教育活动的人"具有的"特定的爱"——"不仅爱他人,更要爱教学所包含的过程",因为"没有爱的勇气,没有不轻言放弃的勇气,就不可能有教育"③。"想当教师的人必须学会勇敢,即具备为正义而战的倾向,明确地捍卫创造有利于学校教学的条件的需求;虽然这可能是有趣的工作,它也必须在学术上严谨"④,因为"教学首先是一项专业化的工作,它要求长久的学术严谨态度,能激发教学求知欲、爱的能力、创造力、科研能力,并拒绝科学简化论。教学也要有为自由而战的能力,没有这一点,教学将失去意义"⑤。

---

① 《十封信:写给胆敢教书的人》,第64页
②⑤ 同上,第7页
③ 同上,第6页
④ 同上,第8页

在弗雷勒看来,预售的录像带或车间无法让教师开展彻底的教学,从这个角度来看,所谓的"三三六式""活动导学单"之类,其实就如作者所说的"科学简化论"下的产物,而胆敢做教师的人"必须遵循的有效的、政治上明确的战略路径之一是,有力地拒绝自己的驯化职能"①,这样我们才有可能摆脱"教学包"(于我们来说应该是所谓"集体备课"情形下出笼的统一的教案、课件)、"教师指南"(于我们来说应该是"教师用书")的束缚,形成自己对教育教学工作的主张,并从这样的主张出发,寻找属于自己的适合学生需要的教育教学方式与方法,以期培养出"喜爱自由、敢于批判,以及有创造力的孩子"。其前提就是要求"教师承担减少所有社会弊病,特别是直接影响其学生的残酷而不公正的人类惨剧出现的责任"②。试想一下,要承担这样的责任我们需要何等的勇气!所以"我们必须敢于学会勇敢,以便对我们天天面对的思想的官僚化说不。我们必须敢于说爱,这样,即使在不这么做有很大的好处时,也能继续敢于说爱"③。

---

① 《十封信:写给胆敢教书的人》,第15页
② 同上,第8页
③ 同上,第7页

8 教育还是要有感性的

在费尔南多·萨瓦特尔看来,教育"还是要有感性的:要学着去享受爱抚、尽情欢笑、感恩、思考、对话和辩论,傍晚在田园散步(就像在伊甸园中主所告知的那样),这样任何人都不会漠视他人"[1]。

可是我们当下的教育在干什么呢?简直就在干着训练动物的勾当,在为迎接中考高考做训练,教师课上大谈的是考点、解题方法、解题技巧;师生手头除了教科书,更多的就是类似《葵花宝典》《满分密钥》之类的习题集、模拟卷之类的东西;话题境界高一点的,就是"只有教师游题海,才有学生轻负担"之类的竭力鼓吹耗体力、争时间的口号与举措。谁还会去想教育还需要感性什么的呢?

雅思贝尔斯认为,以训练为目的的教育,是与训练动物相似的,是通过一系列的训练,使人成为实现别人意志的工具。我们日常的"教育"行为不几乎就是围绕着使人成为工具的目标在前行吗?但我们很少有人会清醒地认识到,训练是一种心灵隔绝的活动,在训练下的人就成为纯粹的客体了。身为客体,何来自主?更妄谈创新了。

---

[1] 《教育的价值》,第 145 页

但当我看到南京市教研室袁老师推荐的"爱上风的叶子的空间"里的博文《关于永威的独白》，我为这位老师的思考感到欣慰："当一个地方的人，还需要面包的时候，他们急需的，是改变命运，这时，应试是公平公正的化身，而标准答案就在校长手里——去找到那条有路牌的路，尽管千军万马，夹在芸芸众生里，用一次次的排名去战胜对手，激励自己，取得进入社会的资格证书——原来，不仅教育穷得只剩下标准答案了，生活也不能逃脱他的魔掌！但任何社会，总有人需要玫瑰。他们不愿意帮助任何群体，去实现社会控制，不愿一同参与编织人们的人生牢笼。他们明白，自己首先是人，然后才是教师，校长。是人，就要对得起上帝造我们时给我们的良知，它让我们不同于兽，更接近神。可是现在，面包暂时比玫瑰更重要。崇尚自由，不可能成为当下文化的主流，而专制体制与专制文化，需要的就是大量排名文化里成长起来的家畜型人才。"

我想说的是，当应试教育成为教育的主流的时候，我们这些校长、教师、家长在很多时候就是丧失了感性的工具，甚至成了罪恶的帮凶。

教育，应该是人与人精神相契合，文化得以传递的活动，要让人处在相对开放的交往中，在交往中双方（我与你）的对话敞亮，这种我与你的关系，是人类历史文化的核心。如果对话能够成为现实，人就能通过教育既理解他人和历史，也理解自己和现实，就不会成为别人的意志的工具了。也就是说，教育的目的在于引导人真实地了解历史、他人和自己，帮助每一个个体真真正正地成为一个人——既是理性的，也是感性的。

我以为教育在很多时候是必须建立在感性的基础上的。因为人总是有七情六欲和喜怒哀乐的，不照顾人的七情六欲，不尊重人的喜怒哀乐的教育，必然是刻板教条，难以让人刻骨铭心的。一味关注学业成绩，以中高考为主要目标的训练式的教育，必然以牺牲学生的情感世界和心智发展为代价。当我们在这里谈论教育需要感性的一面的时候，必须清醒地看到，如今许多名校看起来似乎也是着眼于感性的。那种挂满了全校每一个孩子的相片与宣言的"文革式"的狂热教育，其实是给我们的孩子吸毒式的精神慰藉，已经让我们的孩子由感性走向了偏执。这样的情感煽动对孩子们心灵的伤害将是不可估量的——为了成功可以不择手段、不要亲情、不要休闲。

  其实在《论语》中早就有了对感性的教育的描述，那就是："莫春者，春服既成。冠者五六人，童子六七人，浴乎沂，风乎舞雩，咏而归。"这样的教育场景对师生来说是何等的惬意，遗憾的是这种惬意对现如今的教师与学生来说又是何等的遥远。然而我们在悲观与期待中还是欣喜地看到，我们这个群体中像"爱上风的叶子"这样的教师这些年来正日渐多了起来。我们可以相信，这个以训练为主要方式的教育生态早晚是会发生变革的。

第二辑

寻找理想学校的走向

❾ 对学校的满意与不满意

在古得莱得的调研中,有这样一个发现:"那些使教师感到比较不令人满意的学校,往往也是教师、家长和学生都认为是问题较多、较严重的学校。与此相反,那些为教师提供比较令人满意的职业和教学环境的学校通常不会是教师、家长和学生认为存在严重问题的学校"[1]。也就是说,作为学校管理者,我们的目标就是要尽可能使我们的学校朝着比较令人满意的方向去发展。古得莱得的调研发现,"那些'比较令人不满意的学校'与那些'比较令人满意的学校'相比,一般都比较庞大,学生人均经费较少,学生与教师的比例高","教师发现自己受到工作单位问题的困扰和限制,而他们又不能控制这种局面时,自然要感到沮丧和不满"[2]。

现实中的学校真的如古得莱得的调研结果一样,一个校长,可以使一所学校搓麻将成风,因为只要他喜欢搓就行;一个校长也可以使一所学校洋溢着浪漫与绯闻,因为只要他足够浪漫就行;一个校长也

---

[1] 《一个称作学校的地方》,(美)约翰·I·古得莱得著,苏智欣等译,华东师范大学出版社,2006.02,第191页

[2] 同上,第193页

可以让一所学校成为一所监狱,只要他习惯控制与暴力就行……因为在我们这个民族,上有所好,下必趋之还是很常见的。当然,一个校长更可以让原本喜欢读书思考的教师放弃读书,整天埋头于试卷和题海之中……这样的学校,也一样可以让全国上下信以为"神",进而让它的师生为之而亢奋,因为只要与方方面面勾搭就是。然而,随着时间的前行,人们一旦看透"神"的背后许许多多的故事的时候,是会醒悟的。

这样的情形提醒我们,身为管理者,我们的工作重点理当是为师生创造和提供有利于他们个体生长和发展的机会和空间,让他们在自己的学校生活中看到希望和未来。这当中校长对师生的影响力显得至关重要。古得莱得的调研表明,"在比较令人满意的学校里任职的校长能更好地掌握自己的时间,并能对与自己学校有关的决定施加更多的影响"①。"比较令人满意的"学校管理者,自己往往就是一个坚强和自主的人,也是懂得将教师视为独立的专业工作者的人。

这样的调研与结论告诉我们的是,作为管理者的校长,其命穴就是要努力使自己成为一个坚强和自主的人——一个精通教育与学校管理的专业工作者。要达到这样的期待,我们至少得读读书,让读书成为自己生活和工作不可或缺的一个部分,当然,在自己力所能及的情形下,还要努力通过各种途径使读书成为所在团队的一种风尚。因为读书不仅可以明理,还可以修身,更可以促进自己的思考,也有可能带动团队成员尊重常识,尊重规律,努力在常识与规律的引领下行走。这就要尽可能避免死读书和将书读死的情况发生。

---

① 《一个称作学校的地方》,第192页

古得莱得也提醒我们,"不能简单地把'一切'都归结于校长领导的质量"。他们的研究数据表明,"教职工的团结和学校里解决问题及制定政策过程的性质也能极大地影响教师对工作的满意感"。也就是说,作为学校的一员,我们每一个人都是学校氛围的营建者,这当中"校长是起一定的作用,但如果把校长的作用看作是决定学校气氛或教师满足感的唯一的或重要的因素,那就不对了"[1]。这样的结论至少给了我们这样的警醒:"一个好校长就是一所好学校"尽管有一定的道理,但绝不是规律,要想成为好学校(比较令人满意的学校),光有校长是远远不够的;反过来亦然。一所学校无论是"比较令人满意的"还是"比较令人不满意的",其实是一所学校的所有成员共同努力的结果。

　　想起二十年前我与一位全国著名的语文老师同台执教公开课,那一回任由他老人家使出浑身解数给学生点火鼓劲,可学生那头的火就是生不起来,劲也就提不起来。教学活动,是教师和学生双方合作的过程;学校管理其实也是这样的道理。

---

[1] 《一个称作学校的地方》,第 192 页

● 阅读，打开教育的另一扇门

⑩ 学校与课堂应像小村庄

古得莱得在《一个称作学校的地方》中有这样一段话：

有一个重要的方面是清楚的，我们不能用相对简单的输入—输出的工厂模式来理解或准确地描述学校和课堂，最好把它理解为小村庄，在这里个体的人们每天有一部分时间在一个被约束的和有约束性的环境中相互联络。即使在一天结束的时候，众人已离校，但许多约束性的因素仍然历历在目。例如，那些已成为这个约束性空间一部分的东西和家具的摆设。每天早上到校时，学生都要默默地接受某种约束，并按照这些约束的要求保持被动的状态。至少在小学，学生们大量的时间是在等待教师分发材料或告诉他们要做些什么。也许这就是为什么我们常常看到这样的描述：在下午放学的时候，孩子们无拘无束地冲出学校。①

如何理解这样的文字？

"不能用相对简单的输入—输出的工厂模式来理解或准确地描

---

① 《一个称作学校的地方》，第121页

述学校和课堂",我以为意在告诉我们,教育教学不能是简单地输入与输出类似流水作业那样的情形,产品一旦输出了,貌似就与厂家再也没有多大关系。有人也许会问,产品销售不是还有"三包"规定吗?是的,问题是那只是规定,实际情况又有多少"三包"了呢?

  不仅如此,我们还控制了各种目标的制定,教室空间的使用,时间和教材的安排,教学内容、课题技能的选择,以及学生分组教学。当然,"从某种程度上讲,教师也是身在笼中,带着社会对课堂行为的种种期望,社会希望教师管好他们的课堂"[1]。社会对学校的压力,就这样通过学校和教师转嫁到学生身上。学生往往都是处在被动的一方,因为学生们习惯了学校和课堂对他们的种种约束,"学生们认为教师控制着课堂,而自己在做着教师告诉或期望他们做的事情"[2]。因为"他们被现有的课堂理念驯服了,尤其是接受教师的权威的理念","学生变得越来越顺从,不认为他们应该为自己的教育担负起日益增多的独立决策的责任"[3]。

  "最好把它理解为小村庄,在这里个体的人们每天有一部分时间在一个被约束的和有约束性的环境中相互联络",这句话说的是作为学校与课堂,固然要有一定时间的约束(小村庄自然也有它的村规民约),但同时还要有自由自在的相互联络与交流——放学的时候,无拘无束地冲出校园。小村庄是自然淳朴的:蓝天、白云、流水、绿树、鸡鸭牛羊、袅袅炊烟;有喧闹,也有寂静,有朝霞,也有落日……加上它的主人男男女女、老老少少。"有些学习是需要学生的参与和合作的,不应由教师控制和支配。在这种学习中,如果只用教师主导教学

---

[1][3] 《一个称作学校的地方》,第117页
[2] 同上,第118页

的方法就会产生负面影响。"①

　　这就是说,学校教育、课堂教学不应当是一成不变的,更不可能是按照铁定的流程进行的。最好的状态就当如小村庄那样:既有村规民约的约束,又有无拘无束的自然生活与交往。学校应当为学生创造类似小村庄的恬淡、闲适、自由,当然也要有约束。也就是说,所谓的规范与纪律是需要的,但拘泥于规范与纪律的学校与课堂是不利于师生的生活的。

---

① 《一个称作学校的地方》,第 111 页

⑪ 教育要的是陶冶

《什么是教育》第十三章,谈的是"陶冶过程"。在雅斯贝尔斯看来,"真理意识不会简单地存在于个体生命的直接性中,它更多的是要在一定时代的人们身上重新培植成长。对真理意识的培植通过了人类后天习得的陶冶过程","真理意识是个体从所获得的对客观世界的经验中,并通过个人在团体中的内在行动而成长起来"。而"真理的物质实现从来就不是单纯地从哲学思考中产生出来,而是在教育过程与自我教育过程所构成的世界里方能产生"[①]。

也就是说,真理是人们对命运的体验,绝不是凭空想象的,更不是靠别人灌输的。每个人因为个人的遗传、家庭生活以及人生经历,对真理的把握是个性化的。这个性化的体验又离不开团体的合作,需要在某个团体内联动。我的理解,这大概就是我们所倡导的合作学习和共同探究吧。合作与探究的过程,就是体验,就是不知不觉的陶冶,你对我的,我对你的。

雅斯贝尔斯说,教育对思维的陶冶在于帮助人找到本源的问题,

---

① 《什么是教育》,(德)雅斯贝尔斯著,邹进译,生活·读书·新知三联书店,1991.08 P197

也就是人类的终极目标、基本问题,"如果每个人的陶冶道路最终是指向一个基本问题,那么就用不着像盼望对世界上的一切事物都有解答一样地期待着答案",我们也就不会出现"在缺乏绝对根据之目标的有限性以及对目标的无穷尽认识上的困扰和躁动"①。也就是说,人们平常纠结的许多问题和目标其实就是自寻烦恼,因为我们纠缠的问题和目标本来就没有确定的答案。我们总是想方设法地从我们的角度去思考怎么对孩子好,但我们却不知道孩子们需要的"好"是什么。这就是我们的困境所在。

所以他说:"理解基础问题的前提在于,这种理解更多的是一种哲学态度,是在对自身存在的不断把握中,对真理的哲学式热情获得了理性的审慎。理性的审慎能通过探究立场、思想和符号而不断地重复提出同一个基本问题,并从中发现了解答问题的广度,在这个广度的终结处,本源的质朴性就真实地摆在那里供人们认识了解。"②

他又提醒我们:人们在不断地交换意见的过程中形成的所谓统一意见往往是靠不住的,因为现实中"仿佛我们从属于一个感觉、动机、价值判断和道德标准都一致相同的团体。这些现象的出现是必然而无条件的,但在根源上却是靠不住的,当威胁相逼时,它们就会与强烈的内心冲动联合起来"③。所以,"真理"在很多时候是需要我们去怀疑,去反思的。比如说貌似真理的所谓的"先学后教""以学促教"就是这样。

他警告我们:"在我们这个以群体秩序、技术和经济为主的时代

---

① 《什么是教育》,第 99 页
② 同上,第 100 页
③ 同上,第 101 页

里,当必然性被绝对化时,那么人类存在的精神就陷入了危险的境地,精神的基础就将被毁灭:就像国家可以把人变为他的同盟者一样,他们也会把精神作为其政治的附庸,那么,精神就再也不能出自于本真的原初性而具有真实的生命,而是在为群体的服务和在有限的目标追求中以伪造的面目出现。"① 我的理解是当我们的精神一旦沦为政治的附庸的时候,那就不再可靠了。

雅斯贝尔斯认为,陶冶是一种生活形式,"它是以作为思维能力的培养为其支柱并把规则的知识作为培养这种能力的场所。陶冶的材料包括:对已成形的事物构造的直观、一般有效的知识以及语言——存在的家园(ZuhauseseininSprachen)"。"作为形成人生态度的陶冶必须为人们提供广阔的空间,使人们在理性中寻求道路,全面地展开精神运动"②。由此看来,学校教育的重要任务就是为学生的精神生活提供一切可能的空间,而绝不只是单纯的知识教育,胁迫学生做题和考试,"单纯的知识只是达到某种目标的手段,人们可以运用这些知识,但它们对于人而言,是外在的财富。而陶冶的知识却能够改变人、帮助人成为他自己"③。教育不是为了将我们的孩子打造成书橱,更不是打造应试的机器,教育的目的在于使人成人,教育在于丰富人的精神内涵,使每一个人成为每一个自己。因为"每个人都有独特的个性,陶冶则意味着,在铸造和展开人的这一天然给定性过程中,通过人自身的活动、意识和他特有世界的形式与一般的形式接近"④。

当然,"陶冶不是天生的,它是与传承、教育、家庭的祖先、团体的

---

① 《什么是教育》,第102-103页
② 同上,第103页
③④ 同上,第104页

本质有关。正是在陶冶过程中,我的内在精神才被真正唤醒。一个民族的精神层次是由这一民族的陶冶方式所决定的,究竟有多少人受到陶冶,人们又是以什么样的敬畏心来对待陶冶的本质,这些都可作为衡量一个民族精神层次的标准"[1]。

唤醒学生的精神世界才是教育的首要任务。这样的教育才是为民族的,也是为每一个人的。

---

[1] 《什么是教育》,第105页

⑫ 所谓好教育

在《教育的价值·思想家论教育》中,作者介绍了康德的一个观点:"对人来说,教育是最大的也是最难的问题。事实上,见识有赖于教育,教育又有赖于见识。"我是这样理解的:因为人是复杂的动物,在人身上,既有"善"的一面,又有"恶"的一面,而教育的任务就是要努力挖掘和放大人性之"善",康德说,"好的教育是世界上所有的'善'的根源"。

教育"应以未来人类可能获取的更佳状况为准 —— 这里所说的更佳状况是指,合乎人性的理念及其所有的使命",可以这样理解,"人要想成为人,只有教育这一条路好走。除了通过接受教育在他身上所成就的东西,他什么也不是。重要的是要注意到下面这一点,即人只有通过同样是受过教育的人,才能得到教育"[①]。

我们的问题在哪里?其实很多时候我们的教育表面上也是在扬善,但实际上却是在助恶。我们不妨看一看我们平时向孩子们灌输的是什么,我们的言行让孩子们感受到的又是什么。教材,尤其是文科

---

① 《教育的价值》,第 176 页

类的教材,呈现的大多是为表述某种意识的、经过删节或者改编甚至专门撰写的东西,就如叶开先生所言,我们的"课文涉嫌剽窃和篡改,而一些名家名作则饱受修改、删节的蹂躏","大多数删改也都手法恶劣","剪剪裁裁不见原样的"。当学生离开学校看到和听到的东西与教材大相径庭的时候,他们会怎么看教育,怎么看老师,我们是不在乎的。更为可怕的是,我们平时的言行举止,往往与我们的教师身份不相符,我们不在乎学生对我们"听其言观其行",我们在乎的是学生为什么不尊重我们的劳动,而这又是我们百思不得其解的。

我们在日常的教育教学行为中,习惯于用大道理、高标准要求我们的孩子,而在实际生活中我们说的和干的则是与这些大道理背道而驰的,于是现实的教育与理想的教育的悖论就这样产生了,然而我们却始终处于熟视无睹的状态。于是乎,十几年的学校教育,使得我们的学生在我们这些人看起来"善"而实则"恶"的嘴脸和训诫中渐渐地以"恶"为"善"了,他们身上原本向善的种子,就这样被我们一点一点地消解了。

我们为什么总是在不知不觉中,以恶为善的呢?康德早就看清楚了我们的嘴脸:"为人父母者操心的是他们的'家',王侯们心里想的则是他们的'国'。他们两者谁也没有把普世、普遍之善,和人性(自身的禀赋)注定要达到的完美性,当作终极目的。"所以,康德主张"教育计划的制定者,必须从普世性的角度出发,去设计计划"[1]。也就是说,教育的计划,教学的设计,最要紧的是要从彰显人性之善出发,引领孩子去求真、扬善、唯美。

---

[1] 《教育的价值》,第177页

我们要做好的教育,就教师个人而言,最要紧的恐怕是提升个人修养了——品质的,学术的。我总是这样想,一个人的人品,决定一个人的学品。人品是第一位的,教师尤其如此。学生身上的许许多多,就是从教师身上来的。更要命的是,一个人人品不好,学问很高的话,他对学生的毒害就会越大,而这种毒害还是冠冕堂皇的。

还有一个人没有真实的学问的麻烦在于,是非不分,黑白不辨,于是乎教材写什么他就说什么,上面考什么他就教什么,也就习惯了鹦鹉学舌,善恶不分。

我所思考的是,在大的格局不可能改变的情形下,我们还是要改变我们自己,当每一个人都往好的教育方面努力了,大的格局也就不可能是铁板一块了。其实我要说的意思已经很清楚了,我们不要埋怨体制,我们也不要埋怨教材,我们更需要的恐怕还是要想想我们做了些什么,我们能做些什么。我们是不是应该想一想,好的教育应从我开始。教育者,首先自己要受教育,这教育,就是长期的自我修炼。如果我们想到了这一点,并将我们的所想付诸实践了,也许我们离好的教育就会越来越近了。"只有通过同样是受过教育的人,才能得到教育",说的大概也是这个道理吧。

⑬ 学校教育目标是基于人的

古得莱得在《一个称作学校的地方》中谈及"人们对学校的教育期望的演进历程"时说:"20世纪一个特有的发展是认为学校教育应当是为个人而培养个人。柯瑞明简明扼要地表述了约翰·杜威的观点:'教育的目的不仅仅是培养公民,培养工人、父母或母亲,而是最终要培养获得圆满生活的人'。"①

作者与柯瑞明的高明之处就在于他用一句话解答了人们对杜威关于教育目的阐述的"多样性"的疑惑。细细想来这概括还真是准确的。我们在《民主主义与教育》里看到杜威对教育目的尽管有不同表述,但归结起来还真就是这个意思:"学校教育应当是为个人而培养个人"。也就是说,教育的目的首先应该是着眼于人的,其次才是着眼于社会的。

着眼于人的学校教育,自然要让人通过学校教育,理解人生本当有的圆满生活,并帮助每个人形成他理想的圆满生活的憧憬与期待,进而在他们踏上社会后,为寻找自己的美满生活而生活。当然,这样的生活是离不开人们所处的具体社会的,这就使得学校教育必须帮助

---

① 《一个称作学校的地方》,第49页

学生了解自己所处的社会与个人圆满生活的关联与约束。

从这样的出发点思考,学校教育目标的具体化就不是那么简单了。古得莱得在《一个称作学校的地方》中用一个专门的栏目介绍了"美国学校的教育目标",涵盖了智力的、职业的、社会公民和文化的、个人的四个方面、67个条目的目标。单就"个人目标"而言,又有身心健康、创造力和审美表达、自我实现三个角度。以"自我实现"为例,有学会在自身活动中寻求意义,形成人生哲学;培养了解和正视自我的必要的信心;学会现实地评价和接受自己的局限和实力;认识到个人的自我概念是在与他人的交往中形成的;培养有目的地做出决定的能力;学会为实现个人目标而计划和组织环境;培养愿意为个人的决定及其后果承担责任的态度;培养选择个人终身学习目标及其实现方式的技能。①

当我们审视这些条目的时候,是不是要反观一下我们的学校教育目标的设计呢?借用作者的话来说,"我们不是没有学校教育目标,但是我们缺乏对于这些目标的详细阐述和实现这些目标的责任心"②。

当我们对目标有了详尽的阐述,我想我们也就清楚了我们当做什么,不当做什么。我们的问题就在于,在我们制定目标的时候往往只是为制定目标而制定目标,说白了,大多是为应付检查交差的。所以我们很少去考虑目标的具体内涵是不是有可能达成、是不是符合具体的学校和人的需求、如何分解、如何实施等等。这样的情形下出笼的目标要不就是大而无当的,要不就是口号式的,其共同特征就是无法实施。因为我们在制定它的时候,根本就没有考虑要去实施它。

不想实施的目标,自然无法阐释,也就无所谓责任心不责任心了。

---

①② 《一个称作学校的地方》,第61页

14 想象之于教育

弗雷勒在《十封信：写给胆敢教书的人》中有这样一个观点："教师应以训练的方式，为想象插上创造性的翅膀。在开学第一天，他们就应该向学生展示想象对于生命的重要意义。正如想象激发冒险一样，它有益于我们创作活动所必需的求知欲和独创性，否则我们无所创造。"[①] 也就是说，没有想象力，就没有创造力，没有想象的教育，是不可能培养出具有创造精神的人才的。作为从事教育事业的教师，我们在学生进入学校时，就"应当激发学习者的想象，鼓励他们运用想象去'构想'他们梦中的学校"[②]，并为寻找和建设这样的学校而努力。

我想的是，作为教师要鼓励学生"构想"他们"梦中的学校"，我们就应当有我们梦中的学校，更应当有为实现我们梦中的学校和教育而踏踏实实的践行与努力，否则是不可能鼓励学生有所梦想的。做教师的首先要心怀梦想，我们要有我们各自的"理想国""巴学园""56号教室"，而不只是为传授知识而教书，更不是在各种各样的条条框框束缚下成为工作的机器，将我们的学生放在我们预设的流水线上，让原

---

①② 《十封信：写给胆敢教书的人》，第94页

本各具特征的人,成为一个一个的"标准件"。

作为教师,一方面要在学术上遵规守纪,以诚实严谨的态度对待我们所从事的教育教学工作;另一方面,更应当努力给自己营建一方属于自己的自由想象的天空——特立独行的属于我们自己的教育理想与教育方式——我们理想中的教育和我们的教育理想。只有这样才有可能让我们的学生能在我们的学校自由地走动、跑动、嬉戏、吵闹……才可能不至于干出类似要求哪个班的学生课间一定只能在哪一种颜色的地砖上行走的蠢事来。用弗莱雷的话来说就是"这种想象应体现在我们身体每一次的运动中——跳舞、节奏、画画、写字,甚至是在写早期阶段的构思,即涂鸦"[①]。

同时,我们又必须明白,想象不是凭空的,也不是脱离实际的,更不是悬在半空中的练习。"我们想象某个事物时,通常是因为在具体现实中缺少此物。当孩子们想象快乐和自由的学校时,通常因为他们的学校不给他们快乐与自由。"[②] 的确如此,现如今我们的学校,除了教授枯燥的书本就是应试技巧,除了组织考试、考级,似乎已经看不到其他孩子们本当有的走动、跑动、嬉戏和吵闹了。我们口口声声所说的"为了孩子的好""为了孩子的未来"就是用机械化的死板习题训练、考试练习等塞满孩子当下的生活,变相地剥夺了他们本当有的充满乐趣与遐想的生活。我们却从来不去想这样的问题:一个连"现在"都没有的孩子,会不会有美好的未来呢?

由此,我还想到这样一个问题:作为教师的想象与孩子的想象,在性质上是一样的。我们渴望的往往也正是我们没有得到的,或者是

[①] 《十封信:写给胆敢教书的人》,第94页
[②] 同上,第95页

已经和正在失去的 —— 自由的空间,独立的思考,发呆的片刻 —— 作为个人想象的因子和要素。作为同行,我真心希望我的同仁们在为考试、唯分数而教的大环境下,给自己和自己的学生的生活掺杂一点乐趣和情趣,找点时间发发呆,时常想想我们究竟需要怎样的人生与生活,我们究竟需要怎样的教育和怎样的学校与课堂,我们究竟想将我们的孩子带向何方。万不可将自己的工作排得满满的,更不能将学生的时间和空间挤得满满的。

  作为教师,我们还要多一点将心比心,多一点换位思考。我们总不能让我们的道德沦丧到希望我们的孩子也一个个早早地如我们一样步入暮气沉沉的状态。要在我们可能的权限下,将课堂空间、教室空间,延伸到学校操场以及整个学校的周边区域,包括我们生活的喜怒哀乐、酸甜苦辣,我们的欲望、幻想、希望、梦想,甚至于害怕和恐惧。

⓯ 教育需要保守主义

费尔南多·萨瓦特尔在《教育的价值·教育是普世的》中指出,"教育任务具有保守主义的一面"[①],并进一步指出"社会通过给它的新成员提供这种方式(这种方式对它来说有助于其持续存在,不存在则会对其造成破坏),想要培养好的伙伴,而不是自身的敌人,或是反社会的个体","它不仅期望孩子们顺从于社会觉得可接受的与有用的个体,而且也期望在发生可能的有害偏常之前预防或保护他们",另一方面,"做父母的也想保护孩子避免受到任何可能对其造成伤害的东西——也就是说,教育孩子警惕邪恶","阻止邪恶或不好的东西,以防将其(邪恶)带给他们"。因此,教育在一定意义上总是保守主义的,最简单的原因就是,它是维存本能的一个产物:"集体是由无数个体构成的"[②]。我的理解是,教育的一个很重要的意义就在于帮助我们的后代学会如何与他人和社会相处的道理和原则,用阿伦特的话来说就是:"维存意义上的保守主义,是教育的本质所在,它看上去总像是一种包围和保护什么东西的任务,孩子反对世界,世界反对孩子:

---

①② 《教育的价值》,第112页

新的事物反对旧的事物,或是旧的事物反对新的事物"①。也就是说,"教育"首先是传输一些东西,而它所传输的也只可能是它认为值得保存的。

我们知道,保守主义是强调既有价值或现状的政治哲学,是相对激进而言的,而不是相对进步而言的。哲学层面的保守主义提醒我们,当激进主义盛行的时候,我们要宁愿采取比较稳妥的保守主义的态度和方式,说得直白一点,就是当现实世界中某种冠以"经验""奇迹""样板""模式"的东西忽然间甚嚣尘上时,我们必须以谨慎的态度来回望历史,守住那些已经被历史和时间证明了是正确的方式和经验,防止我们的头脑发热。换句话说,我们要冷静地看待时髦与时尚。作为普世价值的教育,尤其应该如此。

"教育代代相传,是因为它想要持续存在下去;它想要持续存在下去,是因为它极为看重某些特定的知识、特定的行为、特定的能力和特定的理念。"② 我以为,这"特定的知识、特定的行为、特定的能力和特定的理念"其实就是我们常常挂在嘴上的教育的基本规律,或者说是教育的常识,教育的人之常情。

所以,教育更多的是传承,是要将人类历史进程中一个个个体积累下来的经验与文化传承下来,以便以后的生活会更好一些。教育要顺乎天理,要有无为而治的意识。无为而治,并非不治,强调的是不乱为,不妄为,要遵循人的生命发展的规律,要恪守道德底线,要符合社会规范,顺应时代需要。当然,哲学层面的保守主义并不等于因循守旧,它主张的是在吸收与同化中有所发展,有所提升。也就是我们所

---

① 《教育的价值》,第 112—113 页

② 同上,第 116 页

说的要稳扎稳打,看准了再干。

教育要坚守教育为人的目标,不偏离,不变换教育应有的目标和主张,并持之以恒地坚守这目标与主张。在践行主张的道路上,中正、平和,保持敬重或者敬畏之心,不为外界所干扰。

教育的保守主义并不排除对教育的特定内容持怀疑的态度,它更需要"维持、保存和保护每个孩子身上新的和革命性的东西",这"对教育来说,是一种防腐剂",[1] 因为教育需要进行筛选,需要核准,需要评估和说服,更需要赞扬和抛弃。

我相信,当我们明白了教育需要保守主义的时候,我们也许就会慎重对待时下一波又一波的教育改革浪潮,尤其是在这些浪潮中喷涌出来的"浪花"(经验、模式等),我们也就不会盲目跟风了。

---

[1] 《教育的价值》,第 116 页

16 要有自己的思考和选择

《教育的哲学基础·行为主义与教育》在介绍"实在论"的时候说道:"行为主义者认为人类的个性、性格、正直等特征都是通过特定的行为方式体现出来的。这些品质不是由每个个体的内部决定的,而是在受环境控制的行为模式的发展过程中形成的。"[1] 我的理解,实在论者的主张是人的行为方式,是一个人的个性、性格、正直等特质的外在表现,也就是说"人性(假若存在的话)完全可以通过传统意义上所认为的只是人性的某一特殊方面——行为来解释"[2]。从另一个角度来说,实在论强调的是,教育与环境对一个人的影响是巨大的,什么样的教育与环境造就什么样的行为方式。从这样的角度来理解,教育的一个重要任务就是行为习惯的养成,习惯一旦形成就会改善一个人的心智和认知。

行为主义者尝试探索塑造行为的过程与模式,他们主张,"一旦充分理解了这些,我们完全有可能更有效地培养出社会所需要的人,也有可能建构出理想的社会状态"[3]。

---

[1][2][3] 《教育的哲学基础》,第198页

"行为主义者认为,儿童是一个在入学之前便规划完善的有机体。这种规划是通过父母、同龄人、兄弟姐妹及电视等其他影响而形成的。规划中的某些部分可能是不良的,但是儿童不经意地接纳并吸收了它们"①。不仅为人父母的言行对子女的影响巨大,就是同龄人,兄弟姐妹、游戏伙伴对一个人的行为习惯的形成也具有不可估量的影响,当然孩子们长时间面对的影视的影响更不用说了。所以,作为社会的人,我们每一个人总是影响着他人,也被他人影响着。行为主义哲学提醒我们,作为社会人,我们在公开场合,许多时候是要谨言慎行的。作者转引斯金纳的观点说:"人们在道德选择上遭遇困难的原因,就是他们所接受到的道德规划本身是自相矛盾的。比如家长经常说一套做一套。"②反思一下,我们教师又何尝不是呢,我们现行的教育又何尝不是呢,喊的是素质教育,行的是应试教育。

我们这些年来的学校行为文化建设,其出发点就是想通过改变师生的行为方式来改变师生的个性品质,尤其是改变教师的教育理念。行为文化建设主张将行动放在首位,在我们看来教育其实就是一种过程,既然是过程,关键就是要行动。怎样的行动才是有助于人的成长的,如何改变行走方式,这是我们考虑得最多的问题。我们认同实在论者关于"人类的个性、性格、正直等特征都是通过特定的行为方式体现出来的"的论断,但我们却不认同实在论者"不应该强调精神、意识或灵魂是引发行为的动力"③的主张,我们同时认同理念论者的主张:"教育应该不仅强调心灵的发展,而且要鼓励学生和关注一切事情的

---

①② 《教育的哲学基础》,第209页
③ 同上,第198页

恒久价值"[1],"真正的教育就必然关注思想而不是物质"[2]。人的行为许多情况下是受人的意识驱使的。我们认为学校行为文化建设要在一定的理念支撑下进行,理念出了问题,行为必然会出问题,出了问题的行为,是会殃及人的个性、性格、品行的。

  所以,我们的学校行为文化建设的路径是"用理念引领行走方式,通过改变行走方式推动理念的改善"。因为教育不仅必须鼓励人不断地完善自己的行走方式,还要鼓励人不断完善自己的愿望与追求。作为教育者,我们不仅需要阅读与掌握教育理论,更需要用我们的思考在这些理论中寻找某种契合点为我所用,当然不是断章取义的,而是要全面审读和考量,并在实践中检验。书读多了的麻烦就在于将自己变成了一只书橱,要避免这样的尴尬,就要有自己的选择和思考。其实,做事就是如此,更不要说做教育。

---

[1] 《教育的哲学基础》,第 26 页
[2] 同上,第 27 页

第三辑

改变从自己开始

⑰ 改变,从自己开始

《教育的哲学基础》在介绍存在主义和教育的时候,谈到萨特的这样一个观点:"人是被判定为自由的",即所谓"一切皆有可能,人性是绝对自由的","既然我们是完全自由的,那么,我们也应该为自己的选择和行为承担起全部的责任。换句话说,我们不能够做一些事情,然后又声称那是上帝意志、科学法则造成的,或者说成是社会让我们这样做的。"我们既然选择了教师这一职业,就应当承担起这一职业的责任,"我们没有借口推卸责任"[①]。说得更明白一点,我们的教育走到今天,我们这些教育者多多少少是有责任的。当然,我们不推卸责任,也决不意味着,教育走到今天这样的境地责任完全在我们。我们需要思考的是,这么多年来,在我们具体而又琐碎的、日复一日的教育教学工作中,我们为教育尊重常识、走向常态做了哪些努力,而不只是一味地认为教育与常识和常态渐行渐远与我们这一个个的个体毫无瓜葛。

在今天这样一种与教育常识和教育常态相行甚远的情形下,我们需要做的是,从我们自己开始改变,而不是一味地强调外在的因素和

---

① 《教育的哲学基础》,第 236 页

责任。在存在主义者眼里,个体总是作为参与者投入其中的。也就是说,我们有必要将我们这些个体看作参与者,在参与的过程中选择我们认定的教育目标,并付诸实施,那么这一个个个体的改变的存在,就有可能推动我们所期待看到的改变的出现。"如果我们不选择自己的目标并不断努力奋斗,就不可能做出任何改变。我们可以说,人类所取得的每一项进步,所做出的每一个人道主义的行为,都是因为一些个体或团体做出了这样的选择,并努力地实现它"[1]。

存在主义者认为,"个体总是处于转变当中,人们相信他们认识自身的那一刻可能正是他们开始全盘检验的时刻"[2],就如高尔顿·车姆柏林所言:"我们对过去发生在我们身上的事情的解释,构成了我们对现在周围生活世界的解释"[3]。我们之所以认为当下教育无视规律,急功近利的局面的形成与我们的教育行为毫无关系,就在于我们的过往总是这样解释我们的教育:"读,读,书中自有黄金屋",读书就是为升官发财找出路的,教育就是为学生的升学服务的,于是我们也就在我们的实践中自觉不自觉地为应试教育推波助澜了。回头一看,这样的局面越演越烈,我们又开始埋怨了,埋怨中我们又总是忘记了我们自己。

所以存在主义的另一位代表人物麦克欣尼·格林指出,"教育者应当意识到官僚体制是人类自己创造的,并不是不可违抗的大自然秩序的一部分",只要每一个个体有意识地让自己保持警觉,并付出努力,这样的局面是可以改善的,我们要用一种开放的心态去看待我们所从事的教育工作的框架与格局,要相信只要我们去努力,"没有什么事情是固定不

---

[1] 《教育的哲学基础》,第 237 页
[2] 同上,第 244 页
[3] 同上,第 246 页

变的,任何事情都是有可能发生的,这样我们才可能保持充分的觉醒"①。

当一所学校、一个区域强行推进某种教学方式的时候,其实也正显露出这种方式的可笑所在。我们为什么不想一想,既然是"科学的""有效的",为什么要通过强制手段去推行呢? 即便真的是"科学的""有效的",也未必对每个个体都是合适的吧? "教育应该关注个体的人。这种教育将个人看作是世界中的独特存在","而且还是活生生的、感情充沛的存在"②。这样一想,存在主义主张的尊重个体的教育,就相当有道理了,因为"这种教育试图帮助我们每一个人看到我们身上的恐惧、挫败感、希望以及通过多种方式使用理性来惩恶扬善和救死扶伤。因此,各种教育的第一步应当是理解我们自身"③。

因此,作为教育者,我们必须知晓自己和学生的经验世界,帮助学习者去构筑理想的、可能的生活世界。教育的重点不是单单放在过去,而是要放在当下和未来的可能上。高尔顿·车姆柏林指出:"教育总是引导着行动。教育总是紧随着行动。确确实实,教育就是一种行动。"④ 我们一方面需要的是对教育现状的批判性反思,另一方面更为重要的是要行动,在批判性反思的基础上的点点滴滴的自我改善的实际行动。应该说,发展得相对好一些的学校和个人,在很大程度上不仅有批判与反思,更有改变自己的具体的行动。

然而,可怕的是,现实中许多时候,我们总是希望、甚至强制"改变,从他人开始"!

---

① 《教育的哲学基础》,第 247 页
② 同上,第 244 页
③ 同上,第 245 页
④ 同上,第 246 页

18 在"电视催眠式的社会化"背景下的教师

费尔南多《教育的价值》在谈到现代教育的艰难时提醒我们,因为电视、互联网等的普及,"学校的任务不只是要替代家庭式的社会化,更是要和走读生常常接受的不加批判的电视催眠式社会化相竞争",因为在"电视催眠式的社会化"背景下,我们面对的学生"不费吹灰之力,他们就获得了成千上万五花八门的消息和观点"。他们再也不像过去那样对课堂,对教师充满好奇心了,"他们的胃口饱和了,再也激不起欲望来了!"在这样的情形下,我们需要做的一项很重要的工作就是"不得不帮助他们整理信息,和其中一部分信息作斗争,还要提供给孩子们识别的武器,好让那些信息变得有用,或者至少无害"[①]。

现实真的就是这样。以"抗战剧"为例,从演员、编剧、到导演,都把追求收视率作为最大目标,谁也不会去想抗战剧的社会教育效果。所以,他们谁也不会去想,对抗战题材的戏来说,将抗战英雄武侠化、偶像化、脸谱化是对历史的不尊重,对人民的不尊重,对为抗战而牺牲的英魂的不尊重,是对观众尤其是青少年学生的一种误导,简直就是反教育的一种恶搞。

---

① 《教育的价值》P45

如果我们的学校教育对此没有清醒的认识，没有及时地在我们的课堂上揭露丑恶，还原真相，在某种意义上说，我们也就成了反教育的帮凶了。

在"电视催眠式的社会化"背景下，从事学校教育的教育者的理性和批判性显得更为重要。我们要明白的是，教育不是简单地认同，我们要用我们的理性和批判性对学生施加影响，让他们明白要用批判性的眼光去审视媒体提供给我们的资讯，要学会辩证地对待"眼见为实"的古训，因为在许多时候所谓的"有图有真相"是靠不住的。

所以，在现代社会，教师不仅是一份工作，一种职业，更是一门艺术。作为社会与学生的调停者、中介者、传递者的教师，要在眼花缭乱的现实世界中，在铺天盖地的资讯里，要用我们自己的影响力去影响和关照我们的学生，让学生辨别真伪，探寻真相，在我们的身上看到生活的希望，感受到学习和思考的魅力。这恐怕是这个时代赋予我们教师的特别重要的使命。

弗洛伊德说，世界上任何一种教育都必然具有规范性，因此它指引的方向也必然建立在哲学选择的基础上。作为教师，面对眼花缭乱的世界、铺天盖地的信息，是不能在自己的教育教学中缄口不言、保持中立的，相反，他们需要有自己的明确主张。否则就是一种对教育，对学生，乃至对我们自己的不负责。

帕斯莫尔说："作为一个孩子，会遇到想要欺骗他的人、想要强加给他某些东西的人，在他周围，到处都会撞上冒充内行者、各种各样玩手段的人、预言者、自欺欺人者、伪善的恶棍。如果教育的结果是让人学会了具有批判性，就能在那些人毁掉人类社会之前，先把他们去除，并能使人类社会变得更好。"[①]

---

① 《教育的价值》，第103-104页

⑲ 教师的职业使命

《教育的价值》中有这样一个表述:"教师并不仅仅是一名老师或是一种职业,或者说主要是一名讲授科学知识的老师,而是一门艺术,要用自身的影响力去说服你所照顾的学生,要让你的学生感受到学习的魅力,使其对学习着迷。"[1]

作为艺术的教师,他决不应当是教材与教参的传声筒,也不是留声机,而应当努力使自己成为教材教参与学生社会之间的媒介——调停者、中介者、传递者。要成为这样的媒介,想不花力气恐怕是不可能的。

作为艺术的教师,他不仅应当具备相关学科的丰富知识,而且应当具备与学生交往的高超的艺术(作为教师特有的人格魅力、亲和力,以及娴熟的沟通能力),更要具备学科知识教学的独特艺术(讲授深入浅出,生动活泼,令人着迷),同时还包括教学活动的丰富多彩。

可见,我们要成就这样的艺术并不是那么轻而易举的,是要花力气与耐心慢慢修炼的,是需要一定的实践积累的,更是要在长期的教

---

[1] 《教育的价值》,第 77 页

育实践中不断丰富与完善的。

　　教师要成为艺术，还有一个重要的素养就是仁爱之心。要在大爱之下呵护每一个孩子，平等地对待每一位学生，也就是我所理解的要说服与照顾，而不是灌输和训斥。要心怀大爱，我们就"必须清除我们自己园子中的杂草，以防各种杂草和野草吸走我们根部的养分。"[①] 也就是说，身为教师，更应当一点一点地挤掉自己骨子里的毒素和奴性，一点一点地完善自己的人格，慢慢地丰富自己的情感世界，冷静地看待我们生活的世界和教育生态，唯有如此，我们才有可能以欣赏的目光看待我们的学生，视他们为各具风格的艺术品。

　　作为艺术的教师，我们要明白艺术的特征就是个性化，就是独一无二。作为艺术的教师，一个重要素养是要拥有独立思考的习惯，具备批判性思维的特质，如若不然，我们自然就会成为传声筒和留声机。"学习者身上尤为强劲的驱动力是：提问题的能力和感到好奇或疑惑的能力，没有这两样能力，你永远不会真正知道什么东西，而只会人云亦云。"[②] 我们要让我们的学生保持和增长这两样能力，首要的是我们自己要保持和增长这样的能力。当我们清醒地认识到这一点之后，我们就有可能在我们的工作中避免废话连篇，也有可能遇事多想一下为什么，在自己的思考和分析中发现事情背后隐藏的某些东西，进而看清楚光鲜背后的伪善、保守与激进，形成自己的价值判断，用我们经过思考、判断形成的判断去影响我们的学生，助长他们的提问能力、质疑能力，激发他们的好奇感，这就是艺术的魅力。

　　我们要认识到"孩子们的创造性主要体现在他们的同化或吸收

---

① 《教育的价值》，第 122 页
② 同上，第 103 页

能力中,教育自身是天生的或固有的,不要忘了,最好的老师所能做的也只是教,真正学习的伟大主人是孩子们"[1]。作为艺术的教师应当明白的是,教育不可以包办代替,教育在许多时候必须顺其自然,必须激发学生的生命活力和学习的兴趣,学生的生命活力和学习兴趣一旦被真正地激发起来了,作为学习主人的意识就会苏醒。这个过程就是艺术的过程,也就是每个学生都有自己喜欢的老师的原因。作为艺术的教师,激发和唤醒学生的生命活力与学习兴趣是教师职业赋予的重要使命。

用费尔南多·萨瓦特尔的话来说:"教育就是一种塑造人类的集体工作的艺术,而不是写在纸上或是刻在大理石上。就像任何一种艺术工作一样,教育中也含有非常多的利他主义的自恋成分在内。"[2] 教育工作者必须尊重学生的利益,守护学生的利益,而不是为了我们的利益而置学生的利益于不顾。

---

[1] 《教育的价值》,第66页
[2] 同上,第60页

⑳ 让我们成为学习者

弗雷勒认为,教育的最大特点就是它的未完成性,学生和教师都永远在成长中。所以教者同时更应当是一个学者,一个终身的学习者。他在《十封信:写给胆敢教书的人》中很明确地对胆敢做教师的人提出了这样一个要求:让我们从学习开始。在他看来,"学习既包括教员一方的教授,也包括教员在此之前和过程中的学习,以及为将来育人做准备或为今日更好地教会再创造知识的学生的学习,或者仍处于受教育之初的孩子的学习"[①]。无论是从我们所从事的教育事业的需要来看,还是从我们作为教师的职业特征来看,学习都是最重要的特征之一,也是教师的基本素养之一。身为教师,应该时时刻刻提醒自己的就是我们更应该是一个孜孜不倦的学习者,这不仅是职业的需要,更是育人的需要。很难想象一个不喜欢学习的教师,如何能让他的学生喜欢上学习。

如上所述,作为教者的学者,更是由我们的职业特征决定的。弗雷勒是这样诠释"教"与"学"的关系的:"没有学的教是匪夷所思的,

---

① 《十封信:写给胆敢教书的人》,第33页

这不光是指,教学活动的前提是教的人和学的人","教学是以教者亦学的方式进行的:一方面,教员认识到了先前已经习得的知识;另一方面,当教员观察初学者如何好奇地领会教师传授的知识时,他们也能发现不确定性和正误"[1]。也就是说,作为教师,对自己所教的学科以及与之相关的知识一定是烂熟于心的,否则我们就没有资格走上讲台;至于我们的所学,是不是正确的,会不会误导我们的学生,这就要在教学实践中,在与学生的互动交流和对话中才能得到验证。即所谓"弟子不必不如师,师不必贤于弟子"。一个合格的教师,必定是善于在学中教,又在教中学的人,或者说是一个深谙"教学相长"之道的人。

作为教员的学习者与其他学习者的差别在于,教员的学习是"根植于对学生求知欲的参与以及求知的全过程"的。作为教员,我们要明白"教员的学习并不一定发生在学生纠正他们的错误时。当教员在教学中能经常谦虚而开放地反思和转换教与学的位置时,他们的学习就开始了"[2]。作为反思者的教员,最为重要的是他自始至终都明白这样的道理:讲台不只是教员的,更是学员的。他绝不能忘掉自己作为学习者的身份,在教学中他总是会不断地在教与学的角色中互换,更多地站在学的立场上来看待教学过程中出现的问题与机会。他十分清楚,当他们教课时,他们不是思想官僚,而是求知过程的重构者。一个合格的教员首先要学习的是如何教,但他们关于"如何教"的认识不单只是来自书本,更是在"教的过程中重新习得"的。换句话说,一个善于在教学过程中反思与学习的教员,才可能"所学甚丰"。

---

[1][2] 《十封信:写给胆敢教书的人》,第31页

作为教师的学习,如何教授固然重要,更重要的是要学习认识世界,也就是做教师的必须要"识世":一方面,"教员的政治责任、道德责任和职业责任要求他们在从事教学活动之前,必须做好准备,具备相应的能力"[①],即所谓的"了解此前人们对于世界的认识";另一方面,要从我们生活的现实世界出发来认识当下世界的现实问题,要明白"教育的问题并不仅仅是教育学的问题,它们还可能是政治问题、伦理问题和经济问题"[②],只有站在当下的政治问题、伦理问题和经济问题上看教育的问题,我们才有可能真正找到合适的教授法。

我们还必须明白,"学习是需要耐性的活动,我们在学习过程中将会体验到痛苦、乐趣、胜利、失败和快乐"[③]。我们必须有面对这些状况的心理准备或者说勇气,唯有如此,我们才可能胜不骄败不馁,才可能淡定地看待各种各样的打击与诱惑,坚韧不拔地在我们自己选择的道路上行走下去。

---

① 《十封信:写给胆敢教书的人》,第 32 页
② 同上,第 65 页
③ 同上,第 50 页

21 在读写中创造

弗雷勒在《十封信：写给胆敢教书的人》中反复强调了这样一个观点："教育工作者将学习阅读与学习书写结合起来，是非常重要的，学习者也应该专研此道。"① 他建议，"我们在学习，在教和学，这要求我们不仅要读文本，而且要针对我们所读的书记笔记、写读书报告、撰写短文"②。他希望我们充分认识到读与写两者的关系——一个不可分割的过程，"脱离了书写的阅读是不存在的，反之亦然"③。

我们传统的教育有"不动笔墨不读书"，"好记性不如烂笔头"的经验。读书作为一种学习方式，是要与动笔有机地结合起来的，因为动笔不仅可以积累资料，还能够帮助记忆，更要紧的是边读边书写的过程其实是一个思考的过程，这过程会帮助我们加深对所读之书的理解，透彻地把握其精髓所在。

然而弗雷勒似乎比我们看得更为清楚而深刻。用他的经验来说，当我们在纸上写下我们的临时成果（它总是临时的）时，这就是我们

---

① 《十封信：写给胆敢教书的人》，第 55 页
② 同上，第 42 页
③ 同上，第 52 页

能想到的最佳方式。写作过程中我们继续思考,更深入地思考此前我们没有认真对待的另一个关于学习对象或我们的实践的问题,这就是说阅读并不只是为了吸收,更是为了丰富我们的知识,拓展我们的视野,推动我们的思考,也就是所谓的"我思故我在"。离开了阅读者思考的阅读自然是无意义的。

因为"文本的意义不是静止和一成不变地存在于字里行间,简单地等待读者去揭示","不同读者对文本的讨论澄清、启发并形成了群体对所读文本的理解",集体阅读就这样"导致了不同观点的出现,当这些观点互相碰撞时,对文本的理解更丰富了"[1]。也就是说,作为一种学习的方式,"阅读和学习一样,不是简单地随意浏览文本的语句、词组和单词,而不去思考它们将把我们引向何处"[2]。作为读者,我们一定要搞清楚我们所读的文本指向何在,这指向尽管是文本本身具有的,但更是读者心中的——我们内心隐隐存在的,但不一定是清晰的,当我们看到这样的文字时就变得豁然开朗了,或者说是一种心有灵犀一点通的情形,也可以说是一种顿悟。用弗雷勒的话来说,就是"当读者认真地理解作者谈论的事物时,他领会了文本的意义,并成为文本意义的合作作者"[3]。从另一个角度说就是,文本最深刻的意义往往是读者创造的。

在弗雷勒看来,阅读还不只是我们理解的一般意义上的学习,而是一种对话练习,因为"对文本的阅读是读者与作者之间的交流,是读者与作者相遇的媒介。它是介于读者和作者间的写作"[4]。确切地说,

---

[1] 《十封信:写给胆敢教书的人》,第 52 页
[2] 同上,第 51 页
[3] 同上,第 54 页
[4] 同上,第 52 页

是读者对已阅读文本的"重写",这样的"重写"实际上是所有作者梦寐以求的结果——读者对其作品予以阅读、讨论、批评、改进和彻底改造。在这个过程中,"就其理解由读者创造的知识而非借由阅读灌输给读者的知识而言,读者越是使自己向作者意义的领悟者靠拢,就越接近于成为文本意义的创造者"[1]。以我的理解来看这样的创造者,又是和阅读者的生活、阅历与思考力密切相关的,即所谓的"仁者见仁,智者见智"是也。"无论我们认识了什么,都完全地打上了自我的烙印:我的认识里有我严肃的思考,但也有感觉、直觉和情感"[2]。由此我想到了那些以"教父"自居的人,常常自以为是地认为只有自己的解读是唯一的,甚至不惜用人身攻击的方式指摘别人的言说与思考是何等的无知与可笑。从他们的自以为是,从他们对他人的人身攻击中我们至少可以断定,他们在阅读中没有对文本做深入的思考与判断。

作为教书人,首先应该是一个读书人,阅读学习是教师最大的职业特点。读书对于教书人来说,不只是义务,更是我们改进世界所需的知识和快乐的来源。遗憾的是,现实中我们这些教师不仅仅有读书不多的问题,即便有那么几个读书的人,也常常将"阅读、思考、写作、行动"割裂开来,很少将我们的所读、所写、所思、所做切切实实地融合在一起。所以我们很少有自己的见识与认知,往往会出现读什么信什么,信什么就参与忽悠什么的状况,这恐怕也是许许多多的"山头"和流派得以林立与泛滥的原因所在吧。

---

[1] 《十封信:写给胆敢教书的人》,第53页
[2] 同上,第50-51页

㉒ 教师的有效战略

弗雷勒认为:"那些专制的管理者"总是想方设法地用"最阴险的形式",通过各种各样的技术和手段向教师灌输对自由的恐惧,"学校校长可以足不出户地看到、听到教师在教室里说了什么,做了什么,借以控制教师",尽管教师也知道校长不可能二十四小时时时刻刻地控制着他们,也不可能同时控制几十个几百个教师,但他们知道"他们总有某个时点是处于监控中的"[1]。试想一下,一个人总是处于被监控的恐惧之中,会是一种怎样的精神状态与工作状态。

在巴西,教师总是"被教学包自身所压迫,被教师指南所束缚",因而其创造的积极性受到极大的限制,"教师和学校的独立性受到约束,不能创造出预先包装的实践所许下的成果:喜爱自由、敢于批判,以及有创造力的孩子"[2]。

我们的现状又如何呢?就我们的财力和技术而言,类似弗莱雷所说的"校长可以足不出户地看到、听到教师在教室里说了什么,做了什么,借以控制教师"貌似还不普遍。但我们有我们的"小米加步枪"的

---

[1] 《十封信:写给胆敢教书的人》,第16页
[2] 同上,第15页

传统,更有我们因地制宜的土办法——精细化管理,精致化管理,计划订到每一天;推门听课,突击性听课,统一考试,不定期抽测;领导蹲点,跟踪指导……各种各样的管理创新,不怕做不到,就怕想不到。

教师个人又是怎样的情况呢?一样在"教师指导用书""优秀教学案例",以及在行政意志下形成的统一的"导学案""讲学稿""活动单"之类的东西的束缚和压迫中丧失了自己的独立思考、批判意识和创造精神。很少有人面对这样的现实,去思考我们的所作所为与我们预设的培养具有创新精神人才的目标是否一致。因为对每一个具体的教师而言,我们早已经习惯了这样的束缚与压迫——如果我们不按照这样的思路出牌,我们将无法应对现行的中高考制度,所以我们总是用"制度不变,我们无法改变"来安慰自己。当然不排除因为有部分教师贪图安逸,不愿花力气自己思考教什么、如何教这样的现实问题,使得这样的束缚与压迫成为常态。

怎样才能走出这样的困境?在弗雷勒看来,唯有拒绝驯化——"教师必须遵循的有效的、政治上明确的战略路径之一是,有力地拒绝自己的驯化职能"[①]。也就是说,教师要明白,教学不仅是帮助学生建构知识的过程,更是教师反思与知识重构的过程。既然是这样的过程,我们就要有意识地摆脱"教师指导用书""优秀教学案例""导学案""讲学稿""活动单"之类的东西的束缚和压迫,唯其如是,才可能明白教学不是简单的机械的知识传递过程,而是一种批判性的思维过程,是对文本的批判与对世界的批判结合在一起进行的思维过程。这过程就是用我们的阅读与思考对教材进行解读与诠释,选择适合自己

---

① 《十封信:写给胆敢教书的人》,第 15 页

与学生实际的教学方式与方法,创造性地组织和实施教学的过程,这一过程也是自我成就的过程。

当然,面对"那些专制的管理者",我们大可不必唯唯诺诺,但也要尽可能避免正面冲突。我们需要的不仅仅是不在乎的勇气,更要有冷静的应对策略,以一种理直气壮但又不失理智的方式方法,维护我们自己应有的自由和权益,以坚守教育者应有的教育哲学和价值取向,在我们认定的道路上前行。只有当我们每个人都能勇敢地抵制"那些专制的管理者"的种种监控 —— 形形色色的束缚和压迫,才有可能在解放我们自身的同时解放我们的学生,我们的创造力和主动性才可能得到最大的发挥,我们期待的培养喜爱自由、敢于批判、有创造力的孩子的目标才可能得以实现。

23 作为教师的另一种阅读

弗雷勒在《十封信:写给胆敢教书的人》的第五封信《初登课堂》中提出了这样一个很有意思的观点,这就是作为教师,不仅要把班上的学生当作是要解码、领会的课文来"阅读",把班级当课文来"阅读",更要把自己的身体当作课文来"阅读"。我的理解是,做教师的,必须带着爱心和宽容走进课堂,用爱心与宽容面对每一个教育对象,去了解所施教的班级,还要尽可能地了解我们自己和教育对象的身体的和心理的具体情况——交际、想象、情绪、欲望、害怕、勇气、爱憎、不加掩饰的愤怒、性征等。唯其如此,我们的教育教学策略才可能是有的放矢的、适度的和可能的。

一方面,做教师的"必须关注所有的事物,包括学生最无知的活动:他们的躁动不安、惊讶的一瞥,或由某些学生做出的冒犯性的举动","学生的句法、风格、趣味及谈论教师和学校的方式,他们的战斗与游戏的规则都是其文化身份的组成部分"[1],所有这些都应当被教师所接受。也就是说,我们在"阅读"学生这本书的时候,宽容是第一

---

[1] 《十封信:写给胆敢教书的人》,第 90 页

位的。

　　另一方面,"把班级当作课文来'阅读'所要求的智力训练的有效练习之一是,教师应养成逐日记录学生在敏感或者拒绝时的行为表现、用语及其含义,以及手势的习惯",因为这种习惯更多的出于意愿而非强制。同时,教师还要建议学生,"为了帮助他们掌握自己的语言,可以把观察教师与其同事的手势、语言、心情和行为当作游戏来做"。也就是说,"阅读"班级的最好的方式就是要做适当的教育记录。记录不仅可以帮助我们了解某些特定的学习者的学习处事方式,还可以帮助我们找到班级成长的脉络和路径。把班级当作课文来"阅读"亦如我们要求学生必须将使用工具书来学习视为纪律的要求一样,也需要一些便于使用的工具——正确观察、正确比较、正确推断、正确想象、正确运用感性。"相信他人而不过分相信我们对他人的判断"。作为教师,"我们必须锻炼自己通过记录我们所观察的事物来观察的能力。但我们不能局限于忠实地描述由我们的视角看到的事情。我们还要尝试在不预设的情况下,做出批判性、评价性的观察"[1]。

　　更为重要的是,作为教师,"有必要与学生一起对身体进行跨学科的阅读,以摆脱扭曲、诱人的分裂与对立"。也就是说,我们必须在更大的视野里来"阅读"我们的身体,比较深入地了解"我在世界之中、与世界同在、与他人同在的存在状态赋予我关于自己的完整知识。我在这种完整性中对自己越理解,就越是可能创造历史,并懂得我自己也是由历史创造出来的"。当"我在被历史重塑的同时成为历史的有创造性的行动者时,当我在世界之中存在并与之同在时,对自己身体

---

[1] 《十封信:写给胆敢教书的人》,第 91-92 页

的阅读,以及对他人身体的阅读,就意味着对时空的阅读"①。我们对学习者、班级和身体的"阅读"不只是局限于课堂的时空,而是应当由课堂延伸至操场乃至整个学校及其周边甚至家庭与整个社会,包含着师生的喜怒哀乐、希望、害怕以及梦想的。

说得直白一些,作为教师的另一种阅读——读人阅世是相当重要的一个科目和素养。作为教师,不读书是不称职的,只读书而不读人不阅世更是不称职的。只知道死读书,或者将书读死了,则是相当可怕的。

---

① 《十封信:写给胆敢教书的人》,第96页

㉔ 警惕言语的欺骗性

有位老师希望我谈谈关于作文教学的问题。我告诉他还真不好说,作文要的是丰富的生活和生活的乐趣,没有生活,也就没有作文。看看我们的孩子,哪有其他生活！没有丰富的充满情趣的生活何来作文？他说,对。但他希望了解的是如何让学生的作文变得深刻。我说,这就更难了,问题是要有思想的引领。可是这东西教材上没有呀。他也说没有,这就是他的苦恼。

做教师的真的不能就教材教教材,而是要引导学生读一读课外的书籍,也要时不时地引导学生围绕一些话题展开讨论。比如《中国教育报》张以瑾编辑曾在一个群里提了这样一个问题：我们能不能就故宫博物院的铜鼎被人刻上"到此一游"一事展开讨论？这位老师说,学生认为刻字的人素质低。我问,为什么素质低了？他说,没文化。我又问,为什么没文化呢？我们如果遇上这样的事情,该如何处置呢？我们没遇上但听说了,我们作何感想呢？有什么办法和途径可以杜绝或者减少类似的事情发生呢？这位老师说,有道理……就这样一步一步讨论下去,学生的认识是会慢慢深入的。但问题又来了,有什么办法在短期内提高学生的作文质量呢？这还真的问倒了我呢！作文不可以速成,教学不可以速成,教育不可以速成。但是我们习惯了速成。你对速成的教育教学提出不同意见,你就成了不识时务的主儿。

但就我的经验与观察而言,速成高效的教育总是存在于新闻报道中的。关于这一点,我们也可以在雅思贝尔斯《什么是教育》里找到印证。他在该书第十五章《大众的教育》中有这样一段精辟的论述:"新闻界为了寻求销路,必须使千千万万的人感到满意,因此就出现了耸人听闻的消息,对理解力毫无好处的空洞报道,以及回避读者的每一种要求导致了报纸的浅薄化和粗糙化。为了生存下去,新闻界总是要服务于政治和经济,并在这种夹缝中,新闻界学会了哄骗艺术和对精神陌生力量宣传的艺术。"[1] 教育的速成与奇迹,往往是媒体人(当然不排除学校,包括学校校长)为了生存下去学会哄骗艺术与宣传艺术所致。雅思贝尔斯一针见血地指出:"新闻记者最大的潜能也可能带来社会的衰败。"[2] 实际情况就是如此,在一些报刊连篇累牍的轰炸式宣传下,神州大地一个个教育奇迹就这样诞生了,并且成了"万人迷"。因为我们急啊,急于求成,急功近利。无良媒体与媒体人看上的就是我们的需要。从这个方面来理解"有需要就有市场"倒也是恰如其分。

这现实,用雅思贝尔斯的观点来解释,就是语言的欺骗作用了:"人就让这种语言操纵着,而忘记真正的自我和周围实在的世界","语言的欺骗功能使非现实的情况存在,却让现存的现实性粉碎在绝望的深渊里"。[3]

---

[1] 《什么是教育》,第 123 页
[2] 同上,第 122 页
[3] 同上,第 87 页

如要学生作文有话可说,我们不仅要为学生创造丰富多彩的生活,有了生活才可能避免在言语上矫揉造作,无病呻吟。但光有生活也是不够的,在具体表达的时候,还要指导学生用真实生动的言语将生活与思考呈现出来。"只有当我们不是故意遣词造句时,语言才是真实的。但是要有纯熟的语言,我们就必须不断地有意识或无意识地训练自己的语言,最有力的、最真实的、最坦白的语言是我们完全成为自己并且熟悉事物时,自然流露出来的语言。"[1] 所谓"言为心声"说的也是同样的道理。

　　回到上面的话题,我们是不是可以思考一下,在铜鼎上刻写"到此一游"的就一点"没文化"吗？"文化"与"素养"是一回事吗？或者说"没文化"是"没素养"的原因吗？还有,我们是不是可以想一想,在景点和文物上刻写"到此一游"的人是一种怎样的心态？我们可不可以向学生介绍一下,西方人追求的更多的是"到此一游第一人",再组织学生讨论讨论"到此一游"与"到此一游第一人"的两种文化现象给我们带来了怎样的启示？类似这样的讨论坚持下去,我们是不是还需要担心学生作文没有思想深度呢？

　　要有思想高度,我们还要"增广我们的精神领域",还要引导学生"研读独具创见的思想家所呕心沥血写成的充满智慧火花的著作"[2]。

　　做教师的不仅不能用言语欺骗学生,还要提醒学生警惕言语的欺骗性。这当中还有一个重要途径就是阅读,读经典,读名著,在阅读中与智者对话,在智者身上获得滋养。

---

[1] 《什么是教育》,第86页
[2] 同上,第84页

25 批判性反思的威胁

弗莱雷(也译作弗雷勒)说:"人作为'处在一个境况中的'存在,发现自己植根于时空环境之中,这种环境造就了他们,他们也造就了环境。他们往往对自己的'情景性'进行反思,受'情景性'的挑战并对之作出行为反应。人存在是因为他们存在于情景之中。他们越是不但对自身的存在进行批判性反思,而且批判性地对其存在作出行动,他们的存在就越具体丰富。"[1] 这一论述告诉我们,作为教育者,必须高度关注我们的教育教学情景,要通过对情境的观察思考,发现自己和教育对象对具体境况的反应,反思得失,一方面及时改善当下的教育教学,另一方面是为了避免以后的教育教学重蹈覆辙。也就是说,批判性反思总是在具体的情境中进行的,或者说总是针对某一个具体的境况的。

作为具体的个体,彼此"处在一个境况中"的批判性思维,其实就是对彼此生存条件的反思。在教学关系中,我们必须明确"我不能替别人思想,没有别人我也无法思想,别人也无法替我思想"[2]。在这样

---

[1][2] 《被压迫者的教育学》,(巴西)保罗·弗莱雷著,顾建新等译,华东师范大学出版社,2001.01,第54页

的反思中,每一个个体的生成性主题存在于他们的世界观中,其内容不断自我扩大,自我更新。他们通过别人的"考虑""重新考虑"他们自己原先的"考虑",并且通过把自己专注的同一个现实再现给别人,自然会对别人构成某种挑战,这挑战,也就会触动对方的批判性反思。

如果从"生成主题"来理解这样的问题,就是说"生成主题不可能在脱离现实的人身上找到,也不可能在脱离人的现实中找到,更不可能在'无人的地方'找到。生成主题只有放在人与世界的关系中才能被理解"①。

当批判性反思成为一种习惯,我们自然会发现那些鼓吹某种理论颠扑不破的专家们,其实就是"以科学公正的名义把有机的东西变成无机的东西,把变化中的东西变成现有的东西,把生变成死",因为他们害怕变化,这样的人往往"从变化(这种变化没被他否认,但他对这种变化也不抱希望)中看到的不是生命的迹象,而是死亡和衰变的征兆。他的确想研究变化——只是为了制止这种变化,而不是为了激化它或加深它"②。因为一旦被他们视为金科玉律的东西遭遇质疑了,也就意味着他们的"教主"地位面临动摇的威胁。

"因此,在既定客观事实、人对这一事实的看法以及生成主题这三者之间存在着一种关系":"如果人改变了他们对主题所指的客观事实的看法,那么他们就表达了一个有意义的主题,并且他们在某一特定的时刻对主题的表述就会不同于早先对主题的表述"③。我们通过批判性反思,会对之前理解的事实进行更新,产生更为可靠的认识并表

---

① 《被压迫者的教育学》,第 52 页
② 同上,第 54 页
③ 同上,第 53 页

述，这种认识会促使我们改变教学策略，改善教学行为，并用我们不断改善的行为来证明，世上绝没有一成不变的招式。

　　人们就是这样"通过激发'对先前的认识的认识'以及'关于先前的知识的知识'解码促进新认识的产生和新知识的发展"的。[1]

---

[1] 《被压迫者的教育学》，第60页

第四辑

在热闹纷繁的教育世界中

㉖ 教育神话为什么有市场

弗莱雷《被压迫者的教育学》第三章中有这样一些很有意思的话:"各种思想、观念、希望、疑虑、价值观、挑战等与其对立面辩证地相互作用,都试图得到充分展开,这构成每一个时代的特征。这些思想、价值观、观念及希望等的具体表现,外加上阻止人的全面人性化的障碍,构成一个时代的主题。这些主题隐含着相对的甚至是相反的主题;这些主题也显示了有待实施和完成的任务。"于是一个时代各个相互关联的主题的集合体就构成了这个时代的"主题域"。面对处在辩证矛盾之中的"主题域",人们总是采取同样矛盾对立的立场:"有些人努力维持现有结构,另一些人则努力改变这种结构。随着表现现实的各种主题之间的对抗性的加深,就会出现主题和现实本身被神化的趋势,形成一种非理性的和宗派主义的气氛。"①

一直以来,我总是对当下这样纷乱的教育现实世界,为什么会有那么多堆山造势,甚至造神的情况充满狐疑。当读到这些话语时,有一种莫名其妙的豁然开朗:原来这绝不是我所想象的乱世出英雄那

---

① 《被压迫者的教育学》,第48-49页

么简单,而是可以从哲学层面探寻其奥妙所在。一方面,这是致力于改变现有结构与死守现有结构的人群的矛盾对抗所致;另一方面,这当中更有打着"改革"旗号的伪教育者,看到理智的改善者和古板的守旧者间复杂的纠缠之中有利可图,于是一出出"鹬蚌相争,渔翁得利"的闹剧就这样上演了,主题和现实本身就这样被神化了,非理性的和宗派主义的气氛就这样裹挟了我们的教育,尤其是从事基础教育的校长和教师们,当然也不乏教育行政官员。

我们看到听到的那些教育神话之所以会有市场,会让我们信以为真,是因为我们"还没有完整地认识到有限境况的被统治的意识,只把这个有限境况理解成偶发现象,并把构成有限境况特性的抑制力转移到这一偶发现象身上",也就是"当人缺乏一种对现实的批判性理解,以局部去理解现实时,就不能真正地认识现实"[1]。在每个家庭只有一个孩子,每一个孩子就是一个家庭的希望这样的社会现实和现行的教育评估体系下,无论官员还是学校,甚至是作为个体的教师,都希望得到一个好的教学业绩,以表现我们的教育是"人民满意的",我们的眼睛也就有意无意地盯在了所谓的"效益"上。于是一旦有一个效益超常的经验或提法冒出来,我们就不会去思考它的真伪,尤其是不会从长远的角度去审视它究竟对生命生长是滋补还是毒害。

那些教育界与非教育界的"张悟本""大忽悠"什么的也正是看到了我们这些人性的弱点所在,不仅给我们推出了一个又一个的教育神话,更是不遗余力地忽悠叫唤。他们还知道,这个世界上谁的嗓门高,谁就貌似掌握了真理一样的"道理",一旦神话传播开来,它就是真

---

[1] 《被压迫者的教育学》,第 50—51 页

理了。那时候,你还质疑不得,仿佛你一质疑,你就不靠谱了。因为他们有阵地,把持着话语权,所以他们许多时候总是振振有词,实在不行就骂街。那些神话的既得利益者很清楚他们"未经检验的可行性"是一个"危险的有限境况",所以他们容不得你去质疑和反思,你一旦有所质疑与反思,他们必然会采取行动以维持他们的"真理"。这就是他们的一套逻辑与哲学。

"在这样的情况下制造神话的非理性本身就成了一个基本的主题"。这样的情形下,就更需要其"对立主题"的出现和坚持,即用"批判性的和动态的世界观","竭力去展示现实,揭露神化的本来面目"[①],努力使教育回到它本当有的尊重生命,面对现实,成全生命与丰富生命的色彩的轨道上来。

弗莱雷提醒我们,"有限境况意味着这些境况直接或间接地面向人的存在,也意味着为这些境况所否定和控制的人的存在。一旦后者把这些境况看作是存在与更人性之间的界限,而不是存在与虚无之间的界限,那么他们就会开始把他们越来越具有批判性的行为指向获取上述看法中所隐含的未经检验的可行性"[②]。也许有人会用那一两个复制神话的神话来印证这"有限的境况"的"真实"性,这就更需要我们用教育者本当有的理性,用我们的批判性的行为去揭开它们的真面目。要相信"当批判性认识在行动中得以体现时,就会形成一种充满希望和信心的氛围"[③]。

[①②] 《被压迫者的教育学》,第 49 页
[③] 同上,第 47 页

27 当教育为了赢利

美国哈佛大学哲学家玛莎·努斯鲍姆在《告别功利——人文教育忧思录》中用大量实例告诉我们,一场全球性的教育危机正在发生:各国教育正选择追求短期利益,"培养完全适用于赢利的有用技能"使得"科学和社会科学涉及人文的方面——它们关系到想象力和创造力,关系到严谨的批判性思维——便失去了存在的基础","却完全集中于教育为国家的经济收益服务"[1],"世界各国都在急切地追求经济增长,尤其是在当前的危机时期,因此,关于教育方向的追问,以及与之相应的关于世界各民主社会发展方向的追问,就少而又少了"[2]。

"我们似乎忘记了灵魂;我们似乎忘记了应当解放灵魂,以丰富、细腻、复杂的方式,将个人与世界联系起来;我们似乎忘记了应将他人看作有灵魂的人,而不应仅仅看作有用的工具,不应看作实现我们计划的障碍;我们似乎忘记了应该将自己看作有灵魂的人,与他人沟

---

[1] 《告别功利——人文教育忧思录》,第3页
[2] 同上,第7页

通,应将他人看作深刻、复杂的灵魂,与我们自己相同。"① 我们当下的教育为什么那么热衷于"有效教学",热衷于"高效课堂"的"研究"与"打造"?这根源其实就是经济思维,就是利益驱动,因为我们早已经自觉不自觉地将教育与经济发展捆绑起来,而经济思维的最大特征就是效益,就是利益的最大化。如果我们从这个角度来思考当下许多名校和新名校的异地重建,或者分校建设为什么总是与房地产开发牵扯在一起,也就不足为奇了。

可怕的是,"追求经济增长的压力,已经改变了课程设置、教学方法和融资方式"②。这样我们也就完全可以理解,现实的学校教育中考什么教什么,不考的就不教的现象为什么会习以为常了。考试成绩是硬道理,不考的东西看不到效益,更重要的是艺术人文这些东西又是很难用一个统一的标准来考核的。人文与艺术培养出来的更多的是对纷繁复杂的世界的批判力和对他人的同情之心,所以为经济服务的教育,必然反对将人文科学和艺术作为基础教育的不可或缺的部分。于是"为考试而教","造成了一种氛围,即消极被动的学生和例行公事的老师","一些不能得到良好考试成绩回报的师生交流形式,就往往被挤出了课堂","对所有学生,所学课程已完全失去了人文因素,死记硬背的教学方法主宰了一切"③。

"为赢利的教育""要求学生具备基本技能、识字和计算能力","学生被动地坐在书桌旁,由教师和课本为学生提供要求不加批判地

---

① 《告别功利——人文教育忧思录》,第6页
② 同上,第10页
③ 同上,第150页

吸收的教材"[1],"以培养技术精湛、顺从听话、习惯于集体思考的学生"[2]为目标,"压制了有思想的提问,鼓励学生吸收课本内容,再反刍出来"。"那些课本陈述种种现实问题时,也强调经济增长重于一切,而分配公平问题的意义则没有那么重大","在社会发展过程中,个人获得的任何收益都是集体的收益","其含义是:国家发展得好,你也一定过得好,哪怕你是极度贫穷、失去了许多权利",并"被作为学生参加强制性国家考试时的一个必须记住和反刍的事实"[3]。这恐怕也是我们面对的教育现实。

  利益驱使下的教育,早已经抛却了"教育不仅是为了培养公民素质。教育能培养从事各种职业的人员,重要的是,教育能培养出使自己的生活有意义的人"[4]的追求,要的是"只言群体所言,其行为和处世态度如同温顺的官僚"。我们留心一下就会发现,这情形在那些以高效出名的学校的课堂上是极为普遍的,因为我们这些教师"从未学会以其他的方式看待人",而"将人看作被操纵的对象"[5]。当我们将我们的学生当作一种操作的对象来对待的时候,我们意识里原本不可思议的课堂情况,成为人们追捧的境界也就十分正常了。因为,即便是"非常正派、行为端正的人们,如果处在一种情境下——使他们成为主宰者,并告诉他们其他人都比他们低等——那么,他们就会愿意全力参与羞辱、诬蔑他们的行为"[6]。

---

[1] 《告别功利——人文教育忧思录》,第20页
[2] 同上,第21页
[3] 同上,第23页
[4] 同上,第10页
[5] 同上,第24页
[6] 同上,第47页

现实中更有利益驱动下的无良媒体和媒体人从旁煽风点火,于是当下的基础教育在许多地方出于经济的考虑,也就连屁股都不顾了,更不要说颜面了。只要你愿意花钱,就可以进入"名校联盟",就可以成为"名校""名校长""名师"……就可以敞开门让人来参观实习,就可以通过收门票获取更大的利益。

28 "流派"还是"宗派"

流派,原本是一个好词,它是指学术、文化艺术等方面有独特风格的派别。每个流派或者每个人都有自己看问题的视角(或者说是立场)。各流派之间要相互了解、合理论辩,以求得更好的教育视域。每个人的价值取向不同,所以聚集成不同流派。流派多了,自然就有此消彼长。但消长是根据其是否真正有利于人们了解教育、发展教育,而非为一己私利去谋划、去攻击、去借教育之名来蝇营狗苟。不同的流派间的相互交流,取长补短,是可以促进学术、文化与艺术的繁荣的。

从文化心理的角度看,我们中国人有个习惯,即凡事喜欢看出身,讲师承,论道源,进而有了派系,分了宗属,用当今的话说,就是贴标签。这种心理,放到教育中,就是先论"特色",后立"招牌",无论城邑村野,无论新老名俗,大致都如此。

当然,为教育开宗立派,也未必是件坏事,至少可以触发更多的人对教育问题的思考与研究。毕竟,各人境遇经验不同,眼界胸怀迥异,对教育的理解自然也很难统一。在万千气象中,呈现教育的多元性,其实也是一件幸事,所谓"和而不同"。但看看当下的这派那派,似乎又不是这么一回事,貌似许多开宗立派的都在为自己树碑立传,建祠塑像,有了一些宗派的味儿。

于是,我们就不得不思考:教育流派是如何产生的?是应运而生,顺势而为?还是仅仅作为攫名夺利的马甲,或打造神话、教主的温床?在我看来,对后者的担心或许更为现实。60多年来,新培养的世界级大师巨擘屈指可数,而基础教育遭受的诟病、质疑与责难,早已人所共闻。众人寄予厚望的教改,几经浮沉,却是一个"善始者实繁,克终者盖寡"的结果,鲜有作为。

但另一方面,教育又"活力四射",比如今天推出一个"模式",明天发现一个"典型",继而,政治运动式的同质化改造如火如荼地四下泛滥,等人们发觉被骗时,那些个"圣明"和"先知"早就赚得盆满钵满,若再将水搅浑,你还能找谁说理去?

这种树旗立派之风,究其根源,有人说,是中国式思维,是皇权等级思维的延续,是对科学精神的排斥造成的。这话貌似有些道理。但转念一想,有了一个教派,自然就要有一个"教主";而一个教派要形成某种气候,就要在各地设"分坛",于是就有了"分坛主";为了维护"教主""坛主"的权威和安全,就要有"左右护法"什么的。于是各色人等各分天下,各得利益。何乐而不为?

这就是当前教育的尴尬处境:一身的积弊沉疴,满面的笑靥桃花。如此的表里两分,内外殊异,让人隐隐担忧的,不仅仅是各色教派门户之见的孰高孰低,更是教主们要将教育的未来引向哪里?教育的真善美又在何处?

说实话,我并不反对每个人用自己的方式理解或践行教育,关键是我们要弄清楚这派那派究竟是怎么产生的。就我个人的认知而言,这个问题,至少可以从这几个方面一窥究竟。

其一，流派产生于理念，而不是一种自我限定。现在满山遍野的"山门"，打着各自的旗号，宣扬各自的功劳，但我们转念一想：你既以此为"长"，则必以彼为"短"；你既以此为"良"，则必以彼为"劣"，如此下去，各执一端，恰如盲人摸象，什么时候才看得清教育呢？从哲学上说，"天下皆知美之为美，斯恶矣"，人的"分别心"一起，很多本来能做的事情，反而就不能和不敢做了。

真正的教育流派，不会自我设限，更多的应该是"横看成岭侧成峰，远近高低各不同"，有的只是对教育观察的视角不同，而非价值观的更迭。但这一点，在当下的教育情境中又异化成了一种攀比和追逐；有的，更是在浓妆重彩的包装中"忽如一夜春风来，千树万树梨花开"，大大小小，无不想在利益的角逐中分得一杯羹。我们常常见到的，是各流派间的攻讦、推诿、诋毁和拆台，以至于只有"流"（盲流），而没有"派"（理论传承与理论建树）。

其二，流派是自然而生的，是建立在传承、反思、发展和公信力上的，而不是凭自我标榜。细想我们今天的教育逻辑，确实有点吊诡。比如，有些教育流派不是因为它做了什么而闻名，反倒是喊声震天响，实则一事未做、一业未成；也有的是以表演见长，大大小小的"教主们"整天飞来飞去，讲座、报告、公开课神乎其神，极具煽情、渲染、鼓动之能事，但其拥有的核心竞争力，与其说是教育智慧，倒不如说是商业智慧。有识者，都以此为不齿。

从另一方面说，一个真正有影响的教育流派，其往往是肇始于"绩"，闻达于"实"；采信于"众"，扬德于"公"。简单地说，是一个被社会确认和接纳的漫长过程，而不是将私德立于公义之上，把私情藏于公论之下。试看今天的"流派"，有几个有这样的过程？没有经历时间的考验,只有膨胀的私德与私情,才是造成价值观混乱、知行分裂,乃至倒行逆施的原因之一。

当然,一个教育"流派"能否成立,最关键的还要看它有没有理论建树和实践成果。也就是说,它有没有大家认可的,基于教育常识与教育规律的独树一帜的东西。不是凭它的标语口号有多么响亮,嗓门有多粗就行的;也不是出那么一两本书,或者一摞书,甚至将它与教育经典并列起来,或者建那么几个研究所之类那么简单。

于是我想到,在"城头变幻大王旗"的今天,在寻找教育流派的真正意义之前,我们不如做一种溯源性的思考,借用经济学的观点,就是"回归基本面":想一想,在纷繁喧嚣的热闹之下,究竟哪些是符合教育本然的,哪些又是奢靡、无益、伪饰、粗滥,包括毒害、恣妄、损人的?我们究竟有没有背离教育中最基本、最常识、最普遍的原则和道理?所谓"为道日损",这条师道之路,抛去那些林林总总的门派不谈,是不是可以做点"减法"?大道至简,简(减)之又简(减),我们才能看到教育之本然。

我相信,真正流派的起源,都是始于对教育的信仰和体悟的,是在一代一代的传承、反思、纠偏、矫正的过程中慢慢成长起来的。即所谓"各引一济,掌其所善"。换句话说,即便成了某派,它所追求的最高理想也是无派之派,无誉之誉,是天下大同。但时下的扎堆性、鼓动性、策划性的"树帮立派"的行为,已然不是这个味道。禅宗里有个典故,叫"云在青天水在瓶",意即只有让事物回归本然和本性,我们才能看出其中之理;同时也说明,只有抛却名利心,潜沉下来,才能做成点事情。

我想,在这个时代,我们不妨先不着急立派建德,更不要急于占山为王、聚众创教,进而糟蹋了"流派"这个原本美好的词。我们需要的恐怕是诚心诚意地问上一问:教育,到底需要这些吗?

29 模式化的阴谋所在

一直以来我总是觉得，一所学校、一个区域推行一种所谓的成功的教育教学模式是相当可怕的，是不符合教育规律的。但这一观点总难免被戴上"无知"的帽子。大量的阅读终于让我明白到底谁"无知"了。

雅斯贝尔斯早就告诉我们，"人们为了使新的东西发挥效用，非常乐意地为新东西命名，如新的思想、新的生命感、新体育、新的客观性、新的经济领导等等，似乎一加上新的字样，就具有良好的价值判断，而不是新的则只配有贬低的价值。即便人们对此什么也不说，但他们仍然有着清晰的理解判断力，并将它用于艰巨任务的思考上，其中谁比较明智也成为一种时髦的评价，今天这种评价已代替人存在的精神性。"[①] 雅斯贝尔斯早就指出了教育新词的不断出现，是有它的阴谋的：

"知识和其表达在群众中的普及导向了语言的滥用，其中教育的混乱又助长了这种倾向，许多表达已不再具有原来的意义。词句意义的不确定性，导致了对精神与精神联结点的概念的放弃，使得本质的

---

① 《什么是教育》，第 118-119 页

理解不可能实现。假如作为纯粹内涵的支点已经遗失,那么最终只能有意识地理解作为语言的语言,并使得语言成为意图的对象。这就像我隔着一块浑浊的玻璃所看到的景色一样,尽管我能看见外面景色,但当我盯着这块玻璃自身时,却什么也不存在了。今天人们应避免经由语言而看见存在,因为存在更多时候是与语言互换位置的。存在应是'原初',因此人们应避免使用每个习惯词,尤其是那些负载内涵的标准词,而稀有词和稀有词序以原初真理自居,以所谓新词来冒充深刻奥义。似乎精神是呈现于重新命名中一样。人们往往立刻被惊人的语言所抓住,直到滥用这一语言或者被揭穿假面具为止。为了在教育的混乱中寻找到一种形式,语言的还原也需竭尽全力才能办到。这样,今天的教育现象或是充满任何词的不可理解的、淡而无味的谈话,或是以语言性取代现实性。人类存在语言的中心意义却被能引起幻象注意的语言定义所改变。"[1]

雅斯贝尔斯在《什么是教育》第八章《可能性与教育的界限》中指出:"教育只能根据人的天分和可能性来促使人的发展,教育不能改变人生而具有的本质。但是,没有一个人能认识到自己天分中沉睡的可能性,因此需要教育来唤醒人所未能意识到的一切。每一种教育的作用也并非是事先能预料的,教育总是具有无人事先能想到的作用。通过传承使人成为他自己,以及在近几百年中通过有意识的方式,使相同的才能以特殊形式表现出来。这样来改变全民族的性格,这些基本事实使得教育具有了重大的意义。教育的界限不能事先划定,而只能在实际中观察把握。"[2]

---

[1] 《什么是教育》,第 119-120 页
[2] 同上,第 65 页

同样，杜威在《民主主义与教育》谈个人与世界的关系时指出："只有学生自己观察，自己反思，自己提出建议，自己检验建议，他已知的事物才能得到发挥和证实。""各人的观点，喜欢学习的对象以及处理问题的方式，都存在个别差异。如果这些差异为了所谓一致性的利益受到压制，并且企图使学校中的学习和答问都必须按照一个单一的模式，就不可避免地使学生造成心理上的混乱和故意的矫揉造作。学生的独创被逐渐摧毁，对自己心理运作的质量的信心被逐渐破坏，被反复灌输要驯顺地服从别人意见，否则就是胡思乱想。这种情况所造成的损害比过去整个社会受习惯信念的统治危害更大。"[1]

古得莱得在《一个称作学校的地方》第四章《在教室里·课堂活动》中指出："我们并没有某些固定的标准可用来判断一个班级的学生参与课堂活动的高或低的程度。"[2]

真搞不懂那些饱读经典的专家们为不让我们这些"无知者"弄明白先贤们这些论断的用心何在。

有时候当我们将几本不同作者的不同书籍交错在一起阅读时，就会发现所谓教育的普世价值，还真有那么一回事。

---

[1] 《民主主义与教育》，(美)约翰·杜威著，王承绪译，人民教育出版社，2001.05，第321页
[2] 《一个称作学校的地方》，第109页

㉚ 为什么"模式化"的教学是荒唐的

加拿大马克思·范梅南《教学机智——教育智慧的意蕴》里有这样一个观点:一个人即使"学会了教学的所有技术但却仍然不适合做教师",因为想要"成为一名教师还包括那些不能被正式传授的东西:教育智慧的最具个性色彩的体现"[①]。

就人的个性、气质而言,每一个人都有自己的特质,再加上每一个教师的所学、所见,尤其是所知也不一样,一所学校、一个区域规定同一个招式,怎么可能适用每一个不同的教师个体和学生个体呢?客观现实本就是这样的,可我们往往不认这个道理。

马克思·范梅南告诉我们,"教育学从根本上讲既不是一门科学,也不是一门技术",当然他也说,"这里不是说,教学作为特殊的指导技术(如如何讲好故事,如何指导课堂讨论)、作为组织技巧(如如何准备一堂有趣的课、如何组织实习)、作为诊断能力(如如何评估儿童的认知能力或学习成绩)不能学习。但是,教育的本质更主要是一项规

---

① 《教学机智——教育智慧的意蕴》,(加)范梅南著,李权英译,教育科学出版社,2013.04,第 14 页

范性活动,而不是一种技术或生产活动"。①

这其实是告诉我们,教学尽管需要技术,也要讲究科学,但它绝不只是一门技术活,也不只是一门科学,它"需要的是实践而不是理论化的知识形式"。实践的特征就在于从具体的情形出发,采取相应的技术手段。教学方式方法的选择是相机而行的,是不可以按照理论化的程式来实施的。这样来看时下一浪又一浪的"高效课堂"模式,会不会觉得它们荒唐可笑呢?

用杜威的观点来看,教育更多的应当是指向儿童的发展。生命的发展原本就是动态的、变化的,伴随着儿童不同年龄所具备的生活经验,指向伴随在具体的教育实践中的反思和矫正,这不断的反思和矫正,远比获得某种所谓的行为技能要重要得多。所谓时移而事异,我们怎么可以将教育教学固化成一种以不变应万变的万灵妙药呢? 在杜威看来,那些行为技术,最多只能改善学校的管理机制,却不能使人成为一名灵魂生命的教师,鼓舞者和领路人。

有一回,我应邀到某地执教公开课,事先我做了大量的准备,也将我的要求通过网络传递给主办方了。但是,当我走进那个会场,听课的500多人早已经到齐了,学生也坐在座位上了,但他们既没有按要求带工具书,也没有带教材,这样的情形,你还可以按照你"精心计划"的方案来实施吗?

实践经验告诉我们,"在教学中,常常是那些不稳定的、不连续的、变化不定的时刻需要某种无法计划的机智行动。这些不稳定的时刻并不是教学中的偶然事件,它们从本质上是教学的一个有机的组成部

---

① 《教学机智——教育智慧的意蕴》,第13-14页

分","机智的行动无法事先计划——它总是在具体的、出人意料的、无法预见的情境中自然迸发出来"。① 所以,当一个合格的教师身临其境时,是不会只顾及脑海里固有的脚本,而不面对现实的场景的。合格的教师走进课堂时,一定会从学生的表情和下意识的举动中寻找合适的言辞和教学方式,这言辞和方式,往往是他的下意识使然的。当然,这下意识是建立在他的教学经验和教师素养的基础之上的,绝不是什么固化的模式所能做到的。

---

① 《教学机智——教育智慧的意蕴》,第191页

㉛ "高效课堂学"之类是一种"文化侵犯"

读完《被压迫者的教育学》,最大的收获就是,我明白了那些竭力推行和鼓吹某种神话式的教育或者教学模式的行为,其实质就是对一所学校、一个区域的文化侵犯。

在弗莱雷(也译作弗雷勒)看来,反对话行动理论的一个基本特征就是文化侵犯,"侵犯者对另一群体的文化侵犯,无视后者的文化潜力。他们把自己的世界观强加于受侵犯者身上,通过压制他们的表达来抑制受侵犯者的创造力"[①]。看看那些所谓的专家与行政合谋,声嘶力竭推行的这教育那课堂所采用的手段,不就是把他们对教育教学的认识强加于受侵犯者身上的吗?尽管他们侵犯的范式不一样,但我们要明白"不管文化侵犯是文雅的还是粗鲁的,它总是一种针对被侵犯文化"的群体的暴力行为。因为在这一过程中,"侵犯者成了此进程的编造者和主角,而被侵犯者却成了对象",譬如每堂课总要在编制好的所谓的"导学单"下运行就是这样;"侵犯者塑造别人,受侵犯

---

① 《被压迫者的教育学》,第 90 页

者却被塑造"，譬如以"某某教育"为标签的"教育"，就是要你成为它所标签的教育；"侵犯者作出选择，受侵犯者却要遵照此选择 —— 或被指望遵照此选择"，譬如展示课，你就得在教师的操纵下以打麻将似的排桌来"展示"；"侵犯者实施行动，受侵犯者只能通过侵犯者的行动得到行动的幻觉"，譬如一堂课的时间划分，一定要是"10+35"的……①

弗莱雷四十多年前就告诉我们，文化侵犯者的用意就在于他们"总是想把一种世界观强加于另一种之上"②，所以他们总是想方设法地要通过自己的"优越"来证明被侵犯者的"低劣"，其主要手段不外乎"想重新证实这些神话，就是想展现自我。唯一的解决办法（其功能是作为一种防卫手段）是设想协调人同样具有他们自己的通常做法：操纵、征服及侵犯"。也就是说，"这种文化产生了此后让人内化的神话"③，"从而期望避免（或者说尽可能地阻止）对现实进行彻底改造。反对话行动明显地或暗地里都想在社会结构中维持有利于其自身的代言人的状况"，这一行动模式就是要通过对被侵犯者的"征服、分裂、操纵和文化侵犯"，"从根本上必然是一个诱导行动"④ —— 抓住当下社会追求GDP的心理特征，用一些诱人的词眼将被侵犯者诱导到他们预设的轨道上去。

一个比较可怕的情形在于在这样的文化侵犯中，"施行者（他们甚至不需要亲临受侵犯的文化，他们的行动越来越多地靠技术手段来完成）把自己强加于"被侵犯者头上，于是"那些被侵犯的人，不管层

---

① 《被压迫者的教育学》，第90页
② 同上，第96页
③ 同上，第94页
④ 同上，第112页

次如何,都很少超越侵犯者为他们设定的模式"。① 在战略上,那些以"课改"专家自居的人"即使在像'你知道你跟谁说话?'之类的问题仍很流行的情况下还鼓吹人人平等的神话","这些神话是通过精心组织的宣传和标语,通过大众'传播'媒体传递给被压迫者的——仿佛这样的疏远构成了真正的交流"②。

"给传统课堂打零分",竭力推销"高效课堂""理论"和模式的"专家"和"权威"们,就是通过这样夸张的言语"使被侵犯者深信自己内在的低劣",他们深知"如果受侵犯者认为自己低劣,他们就一定会承认侵犯者的优越",就会拿这些"专家"和"权威"们为榜样,"侵犯越加剧,受侵犯者与自己的文化精神,与自己本身越被疏远",那么,受侵犯者就会渐渐失去自我,就会"越要表现得像侵犯者,走路像他们,穿戴像他们,连谈吐也像他们"③。弗莱雷这样的描述还真是栩栩如生,现实中这样的被侵犯者真不少,他们在这样的文化侵犯中早已经拿自己等同于侵犯者了。你一旦对某教育某课堂发出质疑,他们就会下意识地窜出来批驳一番。这样一想,这样的被侵犯者尽管可悲,但也着实有些可怜呢!

现实中恐惧和压迫就是这样,有许多是来自外部的,但也有许多来自我们的内心,因为我们内心的奴性所致,因为我们需要权威。于是权威们的压迫就无所不在了,类似"将学校交出去""将课堂还给学生"之类的文化侵犯对我们也就自然而然地产生了效应。侵犯者就是这样通过征服、分而治之、操纵来实现他们的文化入侵。压迫者

---

① 《被压迫者的教育学》,第 112–113 页
② 同上,第 80 页
③ 同上,第 91 页

常常就"隐藏"在我们心中,使我们由此产生双重人格,使我们对自由担惊受怕,一旦解放了学生和我们的双手,我们将会觉得不知所措,于是我们就这样"受压迫者的鼓动","求助于那些神奇的说明和虚假的神论"①。

入侵如今似乎已成燎原之势,作为被侵犯的一个区域、一所学校、一位校长、一个教师,我们总是强调行政权威实力强、日常工作压力大而拒绝阅读,拒绝思考,貌似无力反抗一般向入侵者缴械。我们总是习惯于把造成被压迫、被控制的责任归咎于上帝、神灵和体制,而不承认我们本身就是体制,至少就是这样的体制的帮手。这就是我们的悲哀所在。

如何走出这种被入侵的境地?这就需要我们明白"任何社会存在都是通过矛盾的互相作用而得以自我发展(或自我改善)。外部条件虽然必要,但只有当其与这些潜力相一致时才起作用"②。"不畏浮云遮望眼",在这特定的教育氛围中,要想不被那些"课改领袖"们强加于我们头上的"新思想"所驯化,不被潜伏在我们心底的压迫者对我们构成的"词"所吓倒,我们就得通过我们自身的努力去改变和完善我们自己。其有效途径之一就是要坚持批判性反思,至少我们要明白"人既不能被出卖也不能出卖自己"的基本道理。这样,我们才有可能不被一些治标不治本的解决办法所迷惑,才有可能对我们的学校和我们的课堂进行真正的改造。

---

① 《被压迫者的教育学》,第 99 页
② 同上,第 77 页

32 不做"博学的无知者"

弗雷勒在《十封信：写给胆敢教书的人》一书中阐释了弗雷勒教学法。他告诉人们，作为文化工作者的教师，教给学生的不仅仅是读和写，更应建立起全新的教学关系，唤醒人的实践意识。这一阐述颠覆了传统的灌输式教育，展示了其风靡全球的解放教育观和对话式教学模式。弗雷勒一针见血地指出了当代教育面临的陷阱——"博学的无知者"统治着讲台，而实际上"他并不博学，因为他忽略了所有未进入其专业领域的事物；但他也不无知，因为他是'科学家'，在那个宇宙中极微小的属于他自己的部分里，他'知道'得非常多"[①]。反思一下我们这些做了多年甚至几十年教师的人，有几位不是弗雷勒所说的"博学的无知者"呢？恐怕对许多人来讲，我们连属于我们的极其微小的领域里的部分也是知之甚少的吧，然而因为"教师"这一身份，我们就这样堂而皇之地统治了课堂十几年乃至几十年。

更为可恶的是，尽管我们在口头上总是喊着"学生第一"，但骨子里却还是"老师第一"。用弗雷勒的话来说，就是当我们"声称要给学

---

① 《十封信：写给胆敢教书的人·序》，第15页

生授权时",实际上却"是在巩固自己的特权地位"[①]。也就是说,当我们口口声声叫唤着"学生第一""以学生为主体"的时候,我们内心里还是以"不侵害'专家'特权和强势地位为限度"的。于是我们看到的课堂上的师生互动常常就是相当热烈的师生间的我问你答,而且你答的还必须是与我预设的答案高度一致的;至于小组讨论,更多的就是前面两位同学向后一转,与后面的两位组成"四人小组",激烈地"讨论"一番后推一名或几名代表出来交流一下,最终将意见统一到教师的意见上来(当然教师的意见,更多的又是来自教材与教参的),与教师意见相左的意见自然就被挂在一边了。当然,我们也是振振有词的:考试的时候,"标准答案"就是这样的啊。我们是不是就是这样将我们的学生一步步引入我们为他们所设的陷阱里的呢?

弗雷勒针对这样的教育现实,提出了一个拒绝刻板的模式与方法论范式的"反方法教育学",主张将对话作为一种社会实践形式,"要求将恢复被压迫者的声音作为人类解放的重要前提"[②],重建人类被围困的尊严,恢复我们的人性。我以为作者所说的"被压迫者"固然是相对压迫者或者统治者而言,但从"博学的无知者"的论断来看,他在许多时候还是特指我们的教育对象学生的。也就是说,当我们统治着讲台的时候,已经在不知不觉下成了学生的统治者和压迫者了。当我们有了这样的认识的时候,就会理解"将恢复被压迫者的声音作为人类解放的重要前提"这句话的深刻含义了:作为教师必须勇敢地将自己的身段放下来,真正地将自己与学生放到同一个平面上来思考我们的教育教学举措,是不是真的从学生的不同年龄、不同性别、不同时

[①][②] 《十封信:写给胆敢教书的人·序》,第15页

空出发的。

　　从这个角度来看弗雷勒主张的"人性化的教育"才是"既考虑到了自己的需求,又考虑到他人的需求和愿望"的教育。这样的教育就是通过对话模式让我们每个人意识到自己的存在和能力的教育。也就是说,一个做教师的人必须敢于学会勇敢,以便对我们天天面对的思想官僚化说不,当然前提是我们在全身心地研究、学习、教授和认识。只有这样,我们才可能在建设让作为被压迫者的学生自我授权的课堂上花力气,才可能平等地看待我们的学生和我们自己,而不是作为"博学的无知者"统治着讲台,虚伪地高喊"学生第一""以学生为主体",实质上行的还是"教师第一",教师才是课堂的主人,"我的课堂我做主"那一套。

㉝ 灌输式教育的实质

在《被压迫者的教育学》第二章中,弗莱雷(弗雷勒)是这样看巴西教育的:"仔细分析一下校内或校外任何层次的师生关系,我们就会发现,这种关系的基本特征就是讲解。这一关系包括讲解主体(教师)和耐心的倾听客体(学生)。在讲解过程中,其内容,无论是价值观念还是从现实中获得的经验,往往都会变得死气沉沉,毫无生气可言。教育正承受着讲解这一弊病的损害。"①

其实我们不用分析也知道,唯分数、唯考试的教育最简单的法子就是"灌输",因为我们的考试内容,对大多数学生而言,没有多少不是依靠机械记忆和机械训练就能应付的。学校、家长、社会要追求考试的效益,于是"高效课堂"也就应运而生,大行其道了。这样的情形下,我们主要的教学方式自然就是讲解,或者说是"引导"学生去机械地记忆教材和教师讲解的内容,通过大量机械的训练来掌握解题和应试的技巧。就如弗莱雷所言,"讲解把学生变成'容器',变成了可任由教师'灌输'的'存储器'。教师越是往容器里装得完全彻底,就越是好教师;学生越是温顺地让自己被灌输,就越是好学生"②。

---

①② 《被压迫者的教育学》,第24页

其实质就在于,"教师认为学生的无知是绝对的,教师以此来证实自身存在的合理性。类似于黑格尔辩证法中被异化了的奴隶那样的学生,他们接受自己是无知的说法,以证明教师存在的合理性。但,与黑格尔辩证法中那位奴隶不同,他们绝不会发现他们同时也在教育教师"。"于是,教育就变成了一种存储行为。学生是保管人,教师是储户。教师不是去交流,而是发表公报,让学生耐心地接受、记忆和重复存储材料。这就是'灌输式'的教育概念"[1]。

在灌输式教育下,"教师谈论现实,就好像现实是静态的、无活力的、被分隔的并且是可以预测的。要不,他就大谈与学生生活经历相去甚远的话题。他的任务是向学生'灌输'他的讲解内容——这些内容与现实相脱离,与产生这些内容并能赋予其重要性的整体相脱节。教师的话被抽去了具体的内核,变成空洞的、遭人厌弃和让人避而远之的唠叨"[2]。只有技能没思想、只有文凭没文化、只有智商没情商、只有奴性没人性的教育,自然要让孩子少问、多背、不思考。

这样的教育者"不论是否有意(因为有无数出于善意的银行职员式的教师意识不到,他们所做的只会使人非人性化),没有觉察到存储物本身包含着关于现实的矛盾这一点"[3]。

所以弗莱雷说:"隐含在灌输式教育背后的是人与世界可以分离的假设:人仅仅是存在于世界中,而不是与世界或其他人一起发展;个人是旁观者,而不是再创造者。由此看来,人不是意识的存在,确切地说,是意识的拥有者而已:空洞的'头脑'被动地接受着来自外部现

---

[1] 《被压迫者的教育学》,第25页
[2] 同上,第24页
[3] 同上,第27页

实世界的存储信息。比方说,我的课桌、书本、咖啡杯,我面前的所有物体——我周围世界零零碎碎的东西——都在我的'内部',正如我现在置身于书房之内一样。"① 教育是对未来的判断,"人与世界可以分离的假设"是放弃未来,放弃孩子之于世界的观察、参与、对话、主演的角色,而真正成为赋予人这个概念的过客。

"为了解决教师与学生这对矛盾,把存储者、发号施令者、驯化者的角色变换成学生中的共同学习者这一角色,会削弱压迫的力量并为解放推波助澜",因而,"教育工作者不能坐等这一可能性的实现。从一开始,教师必须与学生一起努力,进行批判性的思考,追寻双方的人性化。教师的努力必须充满着对人及人的创造力的深信不疑。为了达到这一目的,在与学生的交往中,教师必须成为学生的合作伙伴"。②

弗莱雷认为取代"灌输式教学"的途径就是"对话式教学"——建立在平等、爱、谦逊、相信人的基础上的一种平行的关系。要使师生间的对话充满爱、谦逊、相信的关键是去除教师的权威。说简单点就是,教师不是学生的上级,学生不是只能听从于教师的下属,而是一种"你—我"的对等平行关系。这样一思考,麻烦来了,所谓教师是"平等中的首席"的说法还能站得住脚吗？"首席"的基本词义是：最尊贵的席位。既然是平等的,又何来"尊贵"与"卑微"呢！所以我们更要警惕隐蔽性或暗示性或引导性灌输,还权给学生,与之建立基本的信任关系,努力实现真正的对话。

只有教师真的将学生当"人"看了,我们才可能力戒"灌输",立足"对话"。教师作为教育当事人,我们理当需要反思与批判。

---

① 《被压迫者的教育学》,第 27-28 页
② 同上,第 27 页

第五辑

我们需要怎样的课堂

㉞ 学校差异所在

古得莱得在大量的调查研究中得出了这样一个结论:"学校与学校之间的差异告诉我们,在不同的学校,获取知识的机会是不同的。"[①] 这不同的原因,我以为大致有两个方面,一是学校的办学条件——硬件设施、软件师资往往影响学生获取知识的机会;二是办学主张、办学理念或者说学校哲学是否着眼于师生的生命生长,不仅会影响学生获取知识的多少,还会直接影响学生获取知识的内容。我们所看到的不均衡,往往只是从办学条件出发的,很少站在学校的办学追求与办学理念上来思考这不均衡的原因。其实,学校哲学的差异造成的影响往往超越了办学的条件。一所办学条件相当优越的学校,如果没有着眼于"人"的学校哲学,带给学生的伤害有时候要大大超过那些办学条件差但办学主张明晰的学校。

譬如说,在一所办学设施相当好,教师队伍质量也相当高的学校里,就有这样的事情:教师一年到头见不到校长,校长不知道自己的教师姓甚名谁,还很坦然地说,我虽然叫不出你的名字,但我心里确实

---

① 《一个称作学校的地方》,第143页

有你的。再譬如,一位教师叫不出班上学生的名字,班上的学生也不知道他们某学科的老师是男是女。可是在那些办学条件不怎么样的学校里,情况则恰恰相反。想想看,我们的孩子究竟在哪一种学校学到的知识会相对多一些呢?

当然,我所理解的知识的多少,决不单单是书本或是应试的知识,更多的还是书本与应试之外的知识。一所学校如果将办学追求定位在得多少奥赛金牌,考多少北大清华,有多少学生考取高一级学校上,那么学生在它那里能获得的知识必然就是书本所有的和应试所需要的。一个只知道书本与应试的孩子离开学校以后能够做些什么,这恐怕早已经被事实所证明了。一所校长不认识老师,老师见不到校长,老师记不住学生,学生记不住老师的学校,单就作为人所必需的人际交往知识,会给学生的未来带来怎样的影响呢?这样一想,我们所看到的新闻故事,如当年的金牌得主若干年后不堪重负跳楼自杀、一个大学生向父母要钱不成刀捅父母这类不可思议的事情,似乎也可以思议了。

古得莱得的研究还告诉我们,孩子们在学校里获取知识的机会不同,还因为"他们居住的地区不同",这一点在我们当下不仅是相当明显的,而且是相当恶劣的。我们通过考核评估的方式人为地将学校分为三六九等,学校的三六九等的实际存在,也就人为地催生和助长了非理性择校的怪象,并堂而皇之地称之为"市场需要"。这样的背景下,我们还声嘶力竭地高喊推进"均衡教育",岂不是一件很可笑的事?

学生在不同的学校获得知识的机会不一样,还因为不同的学校所设置的课程不一样。一所唯应试的学校自然不会开设与应试无关的课程,反过来,一所不以应试为导向的学校自然也不会在与应试相关的课程上绞尽脑汁。于是学生获取的知识自然就有差异了。当然,学生遭遇不同的教师,他所获取的知识也会不一样。

  这样一想,作为学校和教师,还真的马虎不得。尽管学校教育对人的影响不可能是绝对的,但影响确实客观存在。作为学校和教师,我们不可能解决教育体制问题,因为历史早已经证明教育改变社会的影响是有限的。但是,我们有义务和责任改变我们自己,进而用我们的改变来影响我们的学生。我们要尽自己的所能,为学生创造获取更多知识的环境与可能。说得悲观一点,就是我们要接受不可改变的,用我们的努力影响可能改变的。

35 在"器"与"道"之间

我这些年来一直认为教育就是提醒,更是一种唤醒。这样的主张有专家力挺,也有专家质疑。但我总说不出具体的道道来。当我在《什么是教育》中多次看到"教育就是唤醒"的字眼时,心里不禁为之一振。雅斯贝尔斯在第二章谈及"教育家苏格拉底"时指出:"知识必须自我认知,自我认知只能被唤醒,而不像货物转换。一个人一旦有了自我认识,就会重新记忆起仿佛很久以前曾经知道的东西。"[①] 他还在第四章中指出:"人,只能改变自身,并以自身的改变来唤醒他人。但在这一过程中如有丝毫的强迫之感,那效果就丧失殆尽。"[②] 也就是说,教育是一个生命影响另一个生命的过程,是生命与生命的相互润泽,是一种"生命在场",来不得半点的强制。

教育的过程首先是一个精神成长的过程,然后才成为科学获知的一部分。只有当在思想中发生了革命,从自由中诞生出理性时,才可能导引出行动的成果。也就是说,教育要照亮每个人心智的理性,在与其他人的交往中认识到自己是被给定自由的,自由并不是意志行

---

① 《什么是教育》,第 10 页
② 同上,第 26 页

为,而是从本源深处发出的决定,由此决定了所有的意愿。在接触历史上优秀人物的著作时,这种自由感才被猛然唤醒。

还有一件好玩的事:早在十多年前,我曾写过一篇《计划可以订到每一天吗》的质疑性文字,没想到在这本书中居然有大段大段关于"教育计划的局限"的论述。雅斯贝尔斯认为"人自身作为一个整体既不能被计划分割也不能被重新制造",尽管"不间断地制订计划对我们人类来说,是完全必要的"。[①] 当然,他也不是反对做计划,而是反对指导制订计划的错误意识倾向,以及那种想把不可知的一切拉入计划之中的做法。

我们教育的问题就在于"把整个人类的存在视为一个群体组织的全盘计划 —— 这种计划在根本上就受到人类理解力的限制 —— 是对真正人性的扼杀"[②]。因为以各种方式"将我们整个的存在拉入不必要的违反本性的任何计划,都是不可容忍的,因为这些计划并没有把自己限制在真正而且必须可计划之事上,反而让这些计划侵吞了属于人的自由"[③]。雅斯贝尔斯指出:"凡是个人出于自愿而做之事,都不在计划之内。但是可以给予一定条件,使人的自发性比在其他条件下更容易发挥出来。"[④] 这些论述,使我进一步认识到"计划订到每一天"的荒谬。因为"教育绝不能按人为控制的计划加以实施",即便是"对待动物,我们都不仅仅饲养,而且还要照顾它们。那么对于人类而言,则需要教育"。

雅斯贝尔斯明确地告诫我们:"什么地方计划和知识独行武断,

---

① 《什么是教育》,第 29 页
②③ 同上,第 26 页
④ 同上,第 24 页

对精神价值大加挞伐,那么这些计划和知识就必然会变成自身目的,教育就将变成训练机器人,而人也变成单功能的计算之人,在仅仅维持生命力的状况中人可能会萎缩而无法看见超越之境。"① 要知道"在我们的境遇中仅仅通过计划来选择自身的道路是行不通的,单纯地依赖计划意味着选择沉沦之途"②。我想说,我们一些学校"订到每一天"的计划还不是学生自己制订的,而只是教师为他们复习迎考制订的,是一种外在的强制,这样的"计划"对学生来说,是何等的荒唐与不人道。

所以雅斯贝尔斯指出:"增加所谓的必需的讲座和练习,像填鸭般地用形而下之'器'的东西,塞满学生的头脑,而对本真存在之'道'却一再不顾,这无疑阻挡了学生通向自由精神之通衢。"③

---

① 《什么是教育》,第35—36页
② 同上,第27页
③ 同上,第33页

36 学校教育的困境所在

古得莱得用他的调研告诉我们,我们的"学校教育是在一种消极的环境中进行的"①,这消极的环境主要表现在我们总是处于社会方方面面的批评中,我们的工作总是得不到应有的赏识和鼓励,学校教育似乎人人都可以说上两句,谁都可以毫无顾忌地貌似内行地批评几句。造成这种消极环境固然是我们这个民族对教育过于期待所致,也有教育行政与有关方面拿教育视为政绩之一的原因,更有专家与媒体以及行政合谋的绑架以及我们自己的浮躁与迷失,总是想在那眼花缭乱的这教育那课堂、这举措那典型的"创新"中占据一席之地,或者说在所谓的改革中"分一杯羹"的缘故。

于是,当方方面面的期待都没能达到的时候,张三来说几句,李四也来说几句,王五赵六也要说几句,而我们一些教育者更会说了,因为我们看到批评指责的同时就是我们贩"私盐"、夹"私货"的好时机,"私盐""私货"一旦占领了市场,就堂而皇之了,我们就是改革者,就是教育家了嘛。实在不行,给你打个零分就是,你都零分了,还敢不来

---

① 《一个称作学校的地方》,第 181 页

我的药房抓药？于是，本来还有些明白的我们，就这样真的变得渐渐糊涂起来，于是乎，一有"高效""卓越"什么的新名词出来，我们就趋之若鹜了。邝红军博士曾告诉我这样一个令人跌眼镜的事情：某日，某博士后要去学校做"生命教育与高效课堂"的讲座，有人问他："怎么把生命教育与高效课堂扯一块？"答曰："中小学老师喜欢听高效课堂，不结合着讲怕没人听。"

不正常就这样变得很正常了，正常的反而不正常了。我曾跟人开玩笑，要不几时也整个"某某课堂"，他们说好啊，是理念的还是技术的？我说，都不是，就是名词而已。这词汇本身就足以忽悠人了，还要什么理念什么技术干吗，糊涂！

更为可怕的是，在这样的生态环境中我们一方面高喊必须重视教师的作用，强调"教师对学生的关心程度与学生对课堂的满意程度是成正比的"，另一方面又是对课堂的控制与约束：通过监控、推门听课、巡查等一系列可以想到的方式去打断正常的课堂教学秩序，这当中谁也不会去考虑师生的人权与隐私，反而认为我们的这些举措合情合理，更合法。

所以古得莱得说，教师们"每日的教学就是最大的、机械性的工作。除此之外，他们还要备课，改作业和试题，报告学生的出勤率，参加会议，与家长交流，并为学校档案提供各种数据"[1]——可能古得莱得不会知道，在我们这里教师还要把更多的精力放在做台账、应付验收检查之类的工作上！他猜想"教书也许是一种比我们所了解的更孤独，在社交上更受限制的职业，我们很难估计这种情况会对教师的行为、自我更新和他们与学生的关系有什么影响"[2]。其实，现实中这样

---

[1] 《一个称作学校的地方》，第182页

[2] 同上，第184页

的清醒我们多少还是可以看得到,就连那些校长们每天都生活在种种有形和无形的压力中,更不要说教师了。所谓的压力传递,就这样使我们在不知不觉中失去了自我,如此生活在纠结与烦躁中的教师,他与学生的关系也就可想而知了。

  古得莱得的调研还证明,一个混日子的教师一天的工作时间大致是与秘书、蓝领工人的时间相等的,"但对于那些忠诚于教育工作的教师来说,他们每周工作的时间很容易达到 50 小时,甚至更多","很难想象教师怎样才能既做好工作又照顾好家庭,还要保持旺盛的精力"[1]。看到这样的结论,我要对古得莱得先生说的是,请转告你的同行们,你们就知足吧,我们这些人,每周工作 50 小时已经是很庆幸了。我们要做好工作,就要放弃家庭,甚至放弃个人的休息。尽管如此,我们得到的还是指责,学校外的,学校内的。

  这样的困局谁来改变? 我们不得而知,所以我们只能用改变自己来麻醉自己,用一种相对美好的心态去迎接每一天可能发生的指责!

---

[1] 《一个称作学校的地方》,第 182-183 页

37 提高课堂生活质量靠什么

古得莱得认为教师是课堂生活的灵魂,而要使课堂生活有灵魂,需要的是教师教学能力的显著提高。

这是因为,在他们的调研中发现,"从整体上看,各学校的教师显然不懂得如何使用多种多样的教学方法,他们不想去做,或者做起来有某种困难",现实的情况是"小学课堂比中学课堂有更多样的教学活动,小学教师时常改变学生分组的形式,甚至偶尔变化教学内容和教学方法。中学教师很少在他们的课堂里针对学生个人需要进行教学"[1]。

古得莱得他们看到的现实和成因,与我们当下教育的现实与成因也是吻合的。无论是我们平日所看到的常态课还是"公开课""研究课""示范课",小学的课堂远比中学的课堂热闹,初中的课堂又比高中的课堂热闹。我们总认为这是因为小学生天真淳朴,中学生老成成熟,加之小学教师相对于中学教师而言擅长煽情的缘故,却很少反思中学课堂暮气沉沉的原因在于老师的畏难与不愿意。当然,我们也发现我们的小学课堂的热闹往往又是造作的、矫情的,并不是从教学实

---

[1] 《一个称作学校的地方》,第 115 页

际需要出发的,是为热闹而热闹,为变换而变换的。不过有一点倒也是真实的,这就是"当教师使用适当的教学方法时,学生们对此的反映是积极的"①。

这情形启发我们,无论是校长还是教师,要提升师生的课堂生活质量,出路就在于静下心来研习教学方法。"有一些教学的技巧是可以教会和学会的,例如使用各种不同的教学方法,运用诊断性测验,为学生提供他们的学习表现信息,以及表扬优良的功课","只要了解一点需要发扬光大的教师品质,并获取一些资源将自己的教学摄下来以进行自我反思,教师便可以在很大程度上自我改进。"②

这研习,一方面是要沉下心来学习,另一方面就是要有勇气反思和诊断。反思的方法之一就是将自己的课堂教学情况摄录下来,挤掉自己身上的恶习,从自己身上寻找宝藏,挖掘潜力;而不是鹦鹉学舌,模仿别人。两者结合,我们期待的成效就有可能出现。可是因为"某种困难"和"不想做"的缘故,或者是急功近利的社会风气,使得我们总是希望从其他学校和其他老师那里直接拿来一种可以复制或操作的模式与方法,而不是以真心学习的态度和反思的勇气去研习。我们许多学校和个人就是在这样的状况下渐渐地丧失了个性,磨去了棱角。

古得莱得提醒我们"要提高课堂生活的质量,最好以每个学校为基础,在教师的互助之下来进行","改进每所学校的生力军就是与它息息相关的校长、教师、学生和家长"③。

请注意了,作者用的是"课堂生活的质量"而不是"课堂教学的质

---

① 《一个称作学校的地方》,第136页
② 同上,第135-136页
③ 同上,第138页

量"。"生活"与"教学"虽一词之差,其内涵却相去甚远。"课堂生活"绝不仅仅只是教学,它还包含着课堂上的人际交往、课堂与现实生活等更为丰富的东西。也就是说,课堂除了教授与接受知识,还有更为丰富的内容。

"以每个学校为基础"强调的是学校的个性,"教师互助"、"校长、教师、学生和家长"是"生力军"主张的是团队精神、合作意识,而这当中尤以教师之间的合作为最。也可以说提升课堂生活质量的关键在教师,只有教师的积极性上来了,改善才有可能。然而这改善还需要校长的引领,更需要学生、家长乃至整个社会的参与。换句话来说就是,学校有一个动员和鼓励社会了解和参与学校事务的任务。

38　如何理解教学关系

弗雷勒在《十封信：写给胆敢教书的人》中谈及教学关系时十分清醒地告诉我们，教育工作者不可能也没有必要成为"圣人"。"他们应该是人，既有美德，又有缺点，他们将带着这些特点，为严谨、自由而奋斗，为创造，为学习所不可或缺的纪律——由于学习者要为自己创立纪律，教师必须为这一过程提供帮助——而奋斗。"[①] 也就是说，首先必须明白我们应该具有人作为人理当有的特质——既有美德，又有缺点；既有感性，又有理性。但是，由于职业身份，我们应当根据职业的特点完成职业赋予我们的使命——为"严谨、自由"而奋斗，为营造适合学生学习的环境，创设良好的学习纪律提供有益的帮助而奋斗。许多时候，我们的感性是需要这样的理性来约束的。

正因为我们首先是人，才可能站在人的立场上来看教育教学，看我们的教育对象，以对待人的方式来组织实施教育教学过程，来帮助学生在学习中学会学习，在学习中学会做人，在学习中学会生活。在具体的教育生活中相互扶持，相互润泽，共同生长。我们不仅要意识

---

① 《十封信：写给胆敢教书的人》，第 108 页

到严谨的行事纪律、学习纪律对教育的意义，更要意识到关爱身体、关爱健康对人的生命成长的意义。作为教师，我们必须明确"我们与学习者的关系是我们现实中对学生短期和长期干预的途径之一"①。师生关系要求教师尊重学生，要求我们认识到学生在他们的世界里塑造了属于他们生活的环境，我们要尽自己的努力去弄清楚这环境，不弄清楚，就无法干预。问题是现实的教育中，我们总是很少去了解孩子的世界，所谓干预也就无从谈起。

这还不可怕，"最糟糕的是学生因为言行矛盾而不相信教师的话，无论教师说什么，学生都在等待他的下一个行动以便找出下一处矛盾。这摧毁了教育工作者为他们自己树立并且向学生展示的形象"②。事实上，作者这样的描述并不夸张。许多时候，我们往往是口头上的君子，行为上的小人。因为我们也是人，我们就难免有这样的缺陷——说是一套，做是一套。比如，我们要求学生学习要有纪律，态度要严谨。可是，我们自己却很少遵守备课与上课的纪律，备课马虎，上课草率时时可见。这样的情形下，希望学生恪守学习纪律，以严谨的态度对待学习岂不荒唐？

我以为，要想学生养成良好的学习习惯，严格遵守使用工具书之类的学习纪律，做教师的就得在这些方面给学生树立良好的榜样。就拿备课来说，我们固然要有团队意识，但是我们更要尊重教师劳动个性化的特点，养成独立钻研教材、独立备课的习惯。只有我们恪守了独立钻研、独立备课的纪律，我们才有资格干预学生形成独立阅读、独立作业的纪律。作为一个人，尤其是一个教育工作者，"在言行之间，

---

① 《十封信：写给胆敢教书的人》，第106页
② 同上，第102页

行动更有力"。千万不能用"照我说的做,别学我的行为"来掩饰我们的言行矛盾和不连贯。

在教学关系中,另一种不容错过的是对正义、自由、个人权利,以及在最弱小者遭受强者剥削时捍卫他们的献身精神的永恒承诺,"进步的教育工作者必须向自己证明,他们不仅仅是教师——这不存在问题——不仅仅是教学专家"[1]。我们不仅要以清醒的头脑和相应的能力教授我们承担的相应的课程,更"要求我们投入战胜社会不公的战斗并为之做出贡献"[2]。这是"对教育工作者完成其使命所必需的尊严、他们为其权利而斗争的希望、他们与专断看法坚持不懈斗争的态度证明"[3]。教师"对正义、自由、个人权利,以及在最弱小者遭受强者剥削时捍卫他们的献身精神"[4]的承诺,其实就是对学生当下和未来生活的重要干预——民主干预。"没有教育工作者的民主干预,就不会有进步的教育"[5]。我们是不是可以这样来理解,没有进步的教育,也就不会有社会的进步? 从这个角度来讲"百年大计,教育为本",可不能只是嘴上功夫,纸上业绩。

---

[1][2] 《十封信:写给胆敢教书的人》,第 107 页
[3] 同上,第 106 页
[4] 同上,第 103 页
[5] 同上,第 105 页

39 教育关系是人与人的关系

谈及教育,我们不可能不考虑处于教育实景中的某种特定的关系,这关系,其实质就是人与人的一种依附和交往的关系。这种关系原本不是天然存在的,是因了某种特殊的方式聚合在一起的,这种关系,就是所谓的教育关系。也许我们会认为学校、教室和家庭也是构成教育关系的元素,但在马克思·范梅南看来,学校、教室和家庭只是维系这种关系的地点和环境,"而处在教育关系中的人通常是教师和学生,父母和孩子","最好的教育关系是在父母和孩子,或者职业教育者与学生之间的那种孕育了某些特殊品质的关系"[1]。

这种教育关系,绝不是我们所理解的为了某种目的(成长或者受到教育)牵扯在一起的关系,更多的则是一种生活的体验,一种从成年人身上体验到的,有助于个体内在的关乎生命发展的个性化的体验。用德国教育家诺尔的话来说,教育的关系不只是奔向目的的手段,它在它自己的存在中找到了它自身的意义;它是一种充满了痛苦和欢乐的情感。也就是说在教育关系中,情感才是最重要的。作为成人的父母

---

[1] 《教学机智——教育智慧的意蕴》,第 98 页

与教师,要用我们美好的情感去唤醒和影响我们的孩子,努力使他们形成作为一个健康的人所必须有的美好的情感。反过来说,作为孩子,他们在这种关系中,从作为成人的父母和老师身上体验到某种人格魅力,对生活的热情、强烈的责任感,等等,而不只是那些死板的知识。

同时,在这种关系中,作为成人的父母与教师,一样会在孩子的身上获得某种人生的乐趣,希望和动力等等。正如存在主义者弗雷勒以及存在主义者的观点,教育的关系是"我和你"的,而不只是"我对你"的。在这样的关系中,父母和教师不仅是老师,同时也是学生,孩子们自然也是身兼学生和教师的双重身份。作为父母和教师,万不可将孩子视为接受教导和知识填充的对象,操控的目标。作为教师,我们只有充分认识到师生关系是一种对等的"你和我"的关系,才可能在我们的教育行动中努力避免形成统治与屈服、命令与服从的关系,进而自觉地、有意识地改善我们的教育方式与方法。

在教育关系中,作为教育者的父母与教师,要在与孩子的相互尊重、热爱、理解的生活体验中享受教育活动带来的快乐,寻找其意义所在。

当然,这样的关系又"总是(在某种程度上模糊地)有着双重的意向性关系。我关心这个孩子——为了他的现在和将来"[1],"成人的奉献和意向是让孩子茁壮成长,走向成熟。它是指向孩子个人的发展的——这就要求教育者看到现在的情境和孩子的体验,并珍惜它们的内在价值;而且教育者还需要预料到孩子能够参加的充分展示自我责任的文化活动的情境"[2]。教育者在采取具体的教育行动前,必须对

---

[1] 《教学机智——教育智慧的意蕴》,第 100 页
[2] 同上,第 101 页

教育对象有一个比较全面的、充分的了解,这样的了解,或者说就是一种"前反思",一种基于对个体的尊重、相互帮助、相互扶持的,指向他人成长的某种影响的需要的"前反思"。

在教育关系中,教育者时时刻刻都要有一种反思的意识,这种反思不仅是事后的,还包括事前的。比如站在教育伦理的立场思考什么能做,什么不能做,什么能接受,什么不能接受。即便孩子的某些举动是"自愿"的,我们也必须从职业关系的立场出发,避免不必要的争议。唯有如此,我们才可能不断地调整我们的认识和行动,去影响我们自己和孩子。

只有当孩子们对我们所采取的教育行动作出相应的反应时——孩子有了某种乐意学习的欲望,这种教育关系才能真正地形成。这就提醒我们,作为教师,在与学生的关系中,总是以一种个人的方式——个人特殊的品质(比如个人的亲和力)出现在学生面前而发挥作用的。从这个角度来看,如果我们想追求教育的效益的话,这种效益也只能是在这样的教育关系发生作用的时候,才可能出现。

㊵ 对话是一种创造行为

弗莱雷（弗雷勒）的《被压迫者的教育学》在哲学思考的前提下，从第三世界的视角提出"解放教育思想"，用"对话式教学"来批判传统的"讲授式教学"，用"解放教育观"向"储蓄教育观"宣战，对教育工作者有着很大的启发意义。

在弗莱雷看来，"对话是人与人之间的接触，以世界为中介，旨在命名世界"①。关于"命名世界"，借用陈诗哥的话来说，就是希望这个世界每天都如清晨那样新鲜、喜悦，充满爱，所以，重新命名一切，解释一切，照亮每一个词语，这是诗人的任务。这样我们就可以理解弗莱雷关于"对话是一种创造行为"的观点了。作为教育者，我们都知道教育本应当是一种创造性的劳动，这劳动的形式又以言说为主要方式，既然如此，对话就是一种明智的选择了。作为教师，也只有当我们相信"对话是一种创造行为"时，才可能自觉地在自己的教育教学中改变灌输的行为，用"对话式教学"来取代传统的"讲授式教学"，在对话中完成创造性的劳动。

---

① 《被压迫者的教育学》，第38页

值得庆幸的是,这些年来,在我们自己和我们所看到的课堂中,人们的"对话"意识已经越来越强烈了,问题是,我们对"对话"的认识还只是停留于表面,或者说是为了配合表演的需要。我们课堂上的"对话"往往是问答式的,教师总是有意无意地把持着话语权,动辄否定甚至剥夺了学生的话语权。在我们的潜意识中,真理总是在我们手上的(因为我们是教师,是主体,我们有教参,有预设的教案,更要命的是我们掌握着命题、阅卷这样的"生杀"大权)。

"对话不能被简化为一个人向另一个人'灌输'思想的行为,也不能变成由待对话者'消费'的简单的思想交流,更不是那些既不投身于命名世界,也不追求真理,却把自己的真理强加于人之间的一场充满敌意的论战。"[①] 弗莱雷的提醒很值得我们深思。当教师的不能"挂羊头卖狗肉",不能嘴上说是"对话",骨子里还是"灌输",不能把自己当成真理的化身,将自己的思想强加给学生,任何时候,我们都不可以取代学生的思考。我们能做的就是在教育教学过程中平等地、真心实意地与学生交流。只有在学生对我们毫无戒备的情形下,他们与我们的对话才有可能真正得以展开。

弗莱雷说"和衷共济需要真正的交流"。而现实中"教育工作者的指导观念却惧怕甚至禁止交流"[①]。我们惧怕什么?惧怕交流影响自己的权威,动摇我们对课堂的统治,害怕我们在学生面前显得无知与无力。这就是"灌输式教育"的特征所在。"灌输式教育的出发点是把人误解为客体"的,"凭借某种机械的、静态的、顺从自然的、形象化的意识观,灌输式教育把学生转变为接受体。它企图控制思考和行

---

① 《被压迫者的教育学》,第28页

动,让人们去适应这个世界,并抑制他们的创造力"[1]。所以,灌输式教育必须禁止交流。

作为教师,必须明白,只有在学生面前,我们的教师身份才可能是真实的,也就是说教师与学生是一起生存的,没有了学生,也就无所谓教师。要成为真正意义上的教师,就得与学生和衷共济。真正意义上的对话能不能实现,关键在我们教师,在我们能不能意识到对话对于教育的意义——对学生和我们的当下与未来的生命生长的意义。生命的安全感,不仅只是"我"的自由安全,更要有对方的自由与安全。细想一下,如果这自由与安全只是单方面的,这自由与安全还能靠得住吗?

作为"对话人",我们在遇到他人之前就要充满关怀与信任,当然还要有谦卑。没有爱、信任与谦卑也就没有对话。真正意义上的"对话式教学"的发生是建立在对学生的爱心、信任和我们自己的谦卑与真诚的基础之上的。

作为"对话人"所应当具备的谦卑与真诚,还决定了"对话人"的反思和批判意识。弗莱雷认为,除非对话双方具有批判思维,否则真心的对话也就无从谈起。没了对话也就没了交流,没了交流,也就没了真正的教育。

---

[1] 《被压迫者的教育学》,第29页

④ 从驯育走向教育

世界最大的肉类生产企业美国泰森食品公司,49天即能批量生产出可供宰杀的鸡;甚至,因为人们喜欢吃白肉,工厂竟改变基因,让其胸脯长得很大。为了防止生病并加快生长速度,饲料里被添加了大量的抗生素,形成了精确的配方。而在自然界,一只吃杂食长大的鸡,生长周期是14个月,在农村养过鸡的人都知道,冬天得把鸡从室外搬进室内,等到第二年春天母鸡才开始下蛋。

我在用这个事实和老师们探讨今天的教育时,问他们"养"和"生产"有什么区别,一位老师的答案让人印象深刻:前者是农业化,是要遵循自然规律的,培育的是生命;后者是工业化,可以批量生产的,加工的是产品,是以生产商的意志为目的的。其实很多人都能看出,时下的教育,在某种程度上对工业化趋之若鹜,有了"心得"者,还自炫其技,以为外可显其名,内可彰其德,迫不及待地拉标语、立山头,整个"场"一下子令看客不仅眼花缭乱,甚至热血沸腾。

学者资中筠说,中国的教育已经走到了极端的功利主义中。主导教育的,不再是科学规律和人性的保存光大,而变成镁光灯下的"反智"竞逐,比如对课堂"有效性"和"高效性"之争,对管理"人文化"

和"军事化"之论,都是被浮名蔽眼、被利欲熏心的结果,也都是教育工业化背景下价值取向紊乱的结果。但不管怎么说,中国的教育已经陷入"垓下之困"是人所共识的,大家都在找图存救亡之道,却越走越远,人人都有个自以为是的模式、经验,准备力挽狂澜,到头来,不过热闹了一场。我们不禁要问,教育的问题,究竟在哪里?坦途,又在何方?

反观中国的教育史,从孔夫子时代往下反思,有人精准地概括过:不过"驯育"而已。何为"驯育"?就是驯化之道、遵从之道。科学不科学不重要,理性不理性不重要,关键得"上下一心""千人一面",得具备强烈的规范或范本意识。所以,"满堂灌"和"一言堂"就自觉不自觉的成为一代又一代教师的文化遗传。在传媒技术进步和市场需求的双重推动下,这两种方式经过伪装和矫饰,被打上各种山头的名号,成了工业化流水作业的首选。"驯育"之下,是"只见森林,不见树木"的,作为个体的"人"的独立存在常常被忽略。所以那些屁股决定脑袋的执柄人,订出一项又一项的新举,推行一次又一次的新政,独独忘记了去听听学生的意见。

"驯育"式的工业浪潮中,受驯育者浸染得久了,其人生目标就会十分明确,就是求取功名,或赢得升迁的平台。国家的强弱、民族的兴衰、个人的荣辱等,都只是方便之时的借口或托词,每一个人在不断倾轧、粉饰、残酷的环境中,不得不放弃自己的理想,而投身到迷失自我的工业圈养中——"毕业即失业",成了很多人的教育宿命。大家为失掉工作而遗憾,为不能成为社会的"标准件"而遗憾,却没有人知道自己在漫漫的驯育磨蚀和同化中,该遗憾的究竟是什么。

那么教育呢,教育有别于驯育之处在哪里?简单地说,教育的对象是人,而驯育的对象是器物。雅斯贝尔斯说:"教育要照亮每个人心智的理性。"教育是对每一个具体的、无可替代的"人"的培养和塑造,而这其中,对个人理性的启蒙、对人性中真善美的唤醒又是教育的职责。在现代教育理念下,是没有"航母班"的,是不唯"模式化"的,甚至不兴特色、口号、标语,她只是将目标拉回地平线,将原先的"厂房""车间"恢复成绿荫地、百草园;将"机器""零件"拆散,使之尘归尘土归土,让学生能够自由地生长和发展,凭理性和心智判断什么是对的,什么是错的,让他们知道"除了生长之外,教育别无目的"。

走过近代的中国教育,虽然从日本、德国、美国和苏联等国学得现代教育的精神,但城邑和山野之中流传的,仍只是对术业等细枝末节的求取,真正执掌其间的,或者说骨子里所流淌的,还是两千年来的"驯育"糟粕。

什么时候,中国的"驯育"能真正被"教育"所取代,什么时候我们才看到希望。

第六辑

从孩子的角度来思考

㊷ 从无知到教化

我曾不断询问自己,所谓"走进学生的心灵"如何可能?这一疑惑在阅读《教育的哲学基础》时从托马斯·阿奎那的观点中找到了理论依据。

托马斯认为,一个人的心灵不能直接与另一个心灵相通,但它们可以间接地相通。我理解的所谓"间接相通",大概就是走近。事实上,每个人总有自己不愿见人的心思,即便是我们眼中的爽直人,也难免有许多不为人所知的心思,你说你能走进他的心灵,要不是欺人,就是自欺。走近则不一样,我们也许可以通过努力,缩短自己与对方心灵的距离,尽可能使自己与对方贴得近一些,再近一些。但,想要完完全全走进对方的心灵,除非你是神了。

这样的论断,还告诉我们,为什么教育应该是慢的,应该是有反复的。在教育中,我们总是凭着经验与感觉,觉得我们所采取的方式方法是恰当的,而事实上却不是这样。因为,我们所分析的原因,许多时候并不是教育的对象真真实实的原因。所以,总是要走一步看一步的,走走,停停,看看,想想,这样我们的方式方法才有可能贴近教育对象,进而有可能发生作用。由此推想,所谓万灵妙药式的"模式"是多么的荒唐。

托马斯还认为,一个正确的教育应该是一个充分承认个体精神上和肉体上的天性的教育。洛克认为"教育孩子需要从他的天性出发"①,完全改变儿童的本性是不现实的,我们既无法将乐天豁达的天性变得郁郁寡欢(前提是不伤害孩子),也不能使天性忧郁消沉的孩子变得朝气蓬勃。上帝赋予每个人的特性正同其体态一样,稍许加以改变或许可以,但要彻底改造,却是不可能的。

我所理解的天性,就是个人的天分,或者说是个性。人和人是不一样的,每个人有每个人的天分和特长。看看时下的教育,个性、特长这些词语不仅不生疏,而且使用的频率相当之高。因为它们早已成了时下教育的标签了,标签的好玩就在于它是用来挂的,用来贴的。在当下,特长、个性,就如中秋的月饼、正月的元宵一样,你想卖大价钱,你就得给你的月饼与元宵贴上"特长""个性"的标签,再加上精美绝伦的包装就是。其实,月饼,还是那个月饼,元宵还是那个元宵,甚至早已经不是那个月饼与元宵了。因为,早年没有包装的月饼与元宵,倒是手工制作,一个与一个不一样的。现如今,教育就如这些月饼、元宵,一个模子压下来,机械化的,流水线的,个个一样。个性、特长早已经丧失殆尽了。

生活中的食客不这么看啊,手工的,大大小小,歪瓜裂枣,不中看。有精美包装和金字标签的东西,不仅外表诱人,打开来里面整整齐齐,多么标准。我们要的就是这个,至于里面添加了多少不应该添加的"添加剂",我们是不去考虑的。我们要的就是一个"同一个尺码的

---

① 《教育漫话》,(英)洛克著,郎悦洁编译,武汉出版社,2014.03,第55页

人"啊。

这样的教育,不仅忽视了人的肉体的差异,而且无视人的精神差异。生而为人,"精神方面才是更高和更重要的",而我们往往无视"心灵的教育"才是首要的教育这样的认识,总以为知识是教育的所有,总是有意无意地用培根的"知识就是力量"来强化我们的知识教学,而将心灵的引导搁置一旁,于是学生的学习除了知识还是知识。而知识的学习似乎除了灌输与训练又没有好的途径,所以我们总是寄希望于提高教学的效率,将希望寄托在"高效课堂"的"打造"上。

培根认为"通过积累知识,我们可以高效率地解决时时刻刻围绕我们生活的问题和压力",于是我们几乎没有时间去认识"引导学生从无知到教化,是一个人能给另一个人最好的服务之一"。所以,我们造就了大量的"两脚书橱",更确切一点说是"应试的机器",因为我们时下的教育,除了教科书,是几乎没有其他的东西的,而教科书,又被我们肢解成了一个个的考点。这样的教育如果能培养几只"书橱",恐怕也是奇迹了。

43　教育与修禅

《教育的哲学基础》在谈及"东方哲学、宗教与教育"时,给我们提供了日本铃木俊隆的《禅宗,初学者的心》一文。[①] 文中说禅宗打坐、心印、参禅是为了帮助个人达到顿悟,强调的是一生致力于全部能力的发挥,强调的是做中学,而不是接受式教育,更不会考虑一个人一定要读多少书,教授多少知识或者沉思多少时间。禅宗强调的是一生又一生,生生世世。也就是说,教育的目的性不要太强,更不要功利化。铃木俊隆认为"你刻意地努力去达到某种目的时就会产生一些多余的特征,同时也会出现一些多余的东西",细想想很有道理。打造名校,打造高效课堂,除了"名",更多的不就是利吗?只不过这"利",被披上了华丽的外衣,变得道貌岸然了。

所谓"有心栽花花不发,无心插柳柳成荫",从事教育的人一定要淡定,不要总是眼睛盯在某个目标上,许多时候,我们所做的,往往与我们期待的结果是不一致的。教育,并不完全是下什么种就结什么果。"当一些事物附加上某些东西","它就是不干净的"。身为教师,

---

[①] 《教育的哲学基础》,第 117–121 页

不必在意那些身外之物,有则有,无则无,许多时候是要随缘的。一旦将某些东西看重了,也就被这些东西套牢了。很多情形下,不是别人要套你,而是你要往套里钻,怪不得别人。

铃木俊隆提醒我们:"你了解自己的思维方式和思想状态,所以不要负担太多。"通常情况下,决定我们的教育生活的是我们自己而不是其他什么原因,"如果你的思想一直处于忙乱状态,就不会有时间去积累,也就不会成功,无论你付出多少都是白费"。静下心来,心无旁骛,个性修为"就像做面包,你要一点一点地掺和,一步一步地做,同时还需要适当的温度"。个性修为不是一朝一夕的,不可能一步登天,教育教学同样如此,企图寻找一条捷径,一步登天何其荒唐。一个人要成为自己想成为的那个人,除了自己的修炼,还要有适度的环境,合适的方式。"如果你太兴奋,你将忘记温度多高对自己来说是合适的","你也将迷失自己的道路,这是非常危险的"。所以,无论做什么,尤其是做教育,不要急,慢慢来,面包会有的。

作为教师,"我们每个人创造自己的真正的方法",也就是说"没有某一种方式是永远存在的。没有某种方式是为我们创立","他人创立的完美的方法,并不是真正地适合我们的方法"。由此看来,将人家的模式与方法视为灵丹妙药是多么的可笑,一所学校、一个区域推行一种统一的模式是多么的荒唐。但由于"所有的人都在做同样的事情,犯同样的错误,所以,我们意识不到它",我们就只会跟风,甚至推波助澜。今天,我们的教育就是这样的处境,不正常已经习以为常了。

但是,我们必须明白"当你努力去创造自己的方法时,你将会帮助别人,同时也会得到别人的帮助"。"当参禅时,你只管参禅就好,如果顿悟了,那是他该来了",做教师的,要恪守教师的本分,教育,是一个过程,在这过程中,要努力寻求属于我们自己的方式。"修佛的目的不是为了修佛,而是修自己",教育不也一样吗?只有我们每个人在自己可能的情形下,努力改善我们的思路与方式,努力寻找适合自己的方式,并成为一种风尚、一种生活的时候,我们的教育才有希望。

44 "爱生如子"的"爱"

马克思·范梅南认为,作为教育者的父母和老师,"如果你不了解那些具体情境中教育时机的背景,通常就不可能处理好教育学的关系"①。也就是说,孩子的生活背景,往往决定了我们的教育行动的成败。教育学要求我们对孩子的生活进行反思。譬如说,我们常常为孩子的逃学、迷恋网络、上课开小差而纠结,但我们却很少去思考孩子们的这些行为产生的困境所在。作为教师的我们必须清楚的是,作为教学对象的孩子,其实与我们自己的孩子是不一样的。

当我们从这个角度来思考相关的教育问题的时候,我们就会发现"爱生如子"四个字并不是一个简单的语词,它所表述的其实是一种态度和一种教育的哲学取向。也就是说,我们要像对待我们自己的孩子一样,竭尽全力从方方面面去了解他们的生活:家庭背景、生活的社区、他所交往与接触到的人和事,尤其是他们自身的遭遇。或许孩子们的行为,就是因为这许许多多的因素当中某一个具体的细节的影响所致。

---

① 《教学机智——教育智慧的意蕴》,第 65 页

当我们观察到学生的异常行为的时候，我们就当有这样清醒的认识，作为教育者的教师，要尽可能在更为广阔的背景下去了解孩子的生活，譬如，他所在的家庭、社区，他近来所交往的人和遭遇的事件，也许就是这当中的某个细节干预了孩子当下的生活。当我们弄清了这样的生活背景，我们所选择的教育行动才可能是合适的。也就是说，教育行动一方面固然与我们所掌握的教育知识与技能有着密不可分的关系，但这些知识与技能的选择要建立在对教育对象的充分了解的基础上。这样的选择折射的就是教育者的教育智慧。

由此可见，所谓的"爱生如子"其实就是一个教育者对所教育对象——孩子的教育的爱意。这种爱，与父母对自己孩子的爱有某些一致，区别所在是父母之"爱"，是因为他们看到了自己的孩子正在一天天地成长着；而教师对孩子的教育的"爱"，一方面需要像孩子的父母那样欣喜地看到孩子们的慢慢长大，另一方面更要在教师具备的教育学知识背景下，"在一个更广泛的背景下以成长和变化的价值为前提的，以这种价值对发展年轻人的自我人格和个性所起的作用为前提的"[1]。这是一种大爱，绝非父母对子女的特定的爱。

读到范梅南"教育学对生活经历的背景十分敏感"[2]这一论断时，我想到了杜威的教育哲学——教育即生长。当我们学会用"生长和变化"的价值来看教育、教学和孩子的时候，对孩子的逃学、迷恋网络、上课开小差等情形，也许就不会那么纠结了。说不定某个孩子就在他逃学、上网或开小差的过程中，在某一个方面有所生长了。当然，这种认识的前提是我们对孩子的生活背景有相对全面而深入的了解。

---

[1] 《教学机智——教育智慧的意蕴》，第 90 页

[2] 同上，第 65 页

㊺ 关于"课程意识"

　　作为管理者,对学校的管理,其核心工作就是对办学思想的管理,其根基又是对学校课程的管理。值得高兴的是,我们许许多多同仁对办学思想的管理意识已经相当高了,但对课程的管理似乎还没有摆到应有的位置上来。其原因,恐怕还在于我们对课程的理解不到位。比如,我们总认为是课程,就要有计划,有教材,就要上课,就要有考核;或者我们也会认为学校的种种活动,比如游戏、运动、社团、学生管理等都是一些内在(隐性)课程。其实,并不是所有的课程都要上课,学校的种种活动也只是表面(显性)的课程。

　　因此,对管理者来讲,最要紧的就是对课程的认识。没有清醒的认识,就无从管理。比如对内在课程的表述,古得莱得的说法就比较合理些:"内在课程是指所有那些传授表面课程的教学方式——强调背诵事实或强调解决问题、侧重个人表现或合作性的活动、要遵循的种种规则、所鼓励的多种学习风格,等等。内在的课程也包括学习的物质环境和体现教学环境特色的社会和人际关系给学生传递的信息。"① 这样的表述,提醒我们,无论是学校的管理者还是一般教师,

---
① 《一所称作学校的地方》,第 212 页

有没有明确的课程意识,对学生、对自己、对学校的发展意义至关重要。

一般来讲,课程意识,指对课程的敏感程度,它蕴含对课程理论的自我建构意识、课程资源等几方面,在实践中还包括备课、上课、评课,以及对教材的理解等方面。可现实中,很多高人将之简单归纳成"课感",片面地认为一个教师有了"课感"似乎就有了课程意识。

正是基于这样的认识,我们的思维出现经济学中所谓的"路径依赖",即不假思索地以既有经验为导引,慢慢地建构起自己的某种"教学法",进而转向建构某种可以复制的教学"模式",再有行政推动或利益格局,就可变成满山遍野的"模式化"了,大家见势而起,纷然效仿,而罔顾"校本""生本",更不思创新。细看当下的教育生态,这样的情形已经屡见不鲜了。

细观种种模式,几乎无一例外地喜欢将课堂按精确计算的原则重构,并坚称洛克式的"白板论",即无论何种学情、校情,无论地域文化,无论历史现实,只要照他们的"模式"操作,就保证能培养出优秀的学生来。我们的老师和学生浸淫在如此的教育神话、课堂奇迹的鼓噪下,不能不说是种悲哀。

过度地依赖"课感",还会产生日益严重的"控制论",所谓的"设计情境"即是此种"机关算尽"的表现之一。美国《连线》杂志主编凯文·凯利在其《失控》一书中谈到,很多优秀的发明创造,或是一个优化的组织结构,往往是在"失控"的状态下自然而然地形成的。比如,青霉菌的发现,就是一例。我国春秋时代的老子主张"治大国,如烹小鲜""无为而无不为"等,都是从去除过繁、过苛、过杂的管理入手的。因此,不要有太高的控制欲,不要试图将课堂的所有因素都掌控在心,不要为学生精确安排学习,是我们理解课程意识的一个重要前提。

在我的眼中,所谓"课程意识"中的"课程",绝不仅仅指学科意义上的,而是基于成长和发展意义的。从某种程度来讲,恐怕更应该属于"道"的层面,属于方法论范畴的东西。

具体地说,其应当落到校本的情景当中,而没有一种通用的"模式"供所有人"瞻仰",更没有什么短时间内起死回生的灵丹妙药。这种"课程",融于学生生活的每一个场景、经历的每一次事件中,把教学的时空放在了更大的背景和参考系之下,只有如此,教师才不会轻率地以考试成绩、测试排名、知识竞赛来给学生定品性、贴标签、划队伍。很多情况下,正是由于我们就课程论课程,就课堂谈课堂,才悟不到其真义,品不出其真味。

另一方面,我们对"课程意识"中的"意识"二字,也应有更宽泛的教育视野,它不仅仅是对课堂艺术的守候或探寻,而是一种碎片化、常态式的教育姿态。这种姿态下,教育者不可能想到时时处处为学生设限,也不会刻意地设计场景、对话,而致力于捐弃自以为是的"权威者""掌控者""监控者"的地位,将课程观、教学观与生活渐渐整合,如明朝吕坤在《呻吟语》中所言"天下万事万物之理都是闲淡中求来,在热闹处使用",有一种"相机而教"的精神。

很多时候,我们发觉教学的"空心化"现象日益严重,究其原因,正是设计的味道太浓,教师处处以自己为能事,结果处处作茧自缚。等我们回过头来看,认清了"课程意识"后,之前的虚浮之气和狂狷之举可能就会少很多。

说简单一点,我们有怎样的课程意识,就有怎样的教学环境和教学行为。可是当下我们的教育研究和实践恰恰将路径颠倒过来了，注重的只是"术"，而很少去关注"道"。面对这样的现实，作为校长，对一所学校乃至学校的每个成员的"课程意识"的引领就显得相当重要了，没有这样的基础，所谓办学思想也落不到实处。

46 教育是基于情境的

马克思·范梅南在《教学机智——教育智慧的意蕴》里有这样的提醒:"教育学对情境非常敏感。""教育行动所需的知识应该是针对具体的情境而且指向我们所关心的具体孩子。"①

是的,教育教学需要技术,也需要理论,但是技术与理论的运用不应该是机械的和固化的,即便是教育哲学也是如此,它所揭示的只是教育的一般规律和原则,规律和原则的东西其实就是一种大方向的东西,而不是具体情境和细节。事实上,我们的每一个教育行动总是在具体的教育情境中展开的,所以范梅南说:"教育学的本质就在一个具体情境的实际时机中自然表现出来。理论知识和诊断性的信息不会自动地导出恰当的教育行动。"②

所谓的教育情境,其实就是我们每天面临的教育场所和教育行动。看上去我们每天活动的校园与教室还是那一个,其实我们身在其中的那个校园与教室是无时无刻不在变化着的。尤其是我们面对的那些孩子,他们的遭遇与心境总是处在变化之中的,而作为教

---

① 《教学机智——教育智慧的意蕴》,第64页
② 同上,第63页

师的我们,每天甚至每个时刻的遭遇和心境也是不一样的,教育的时机就处在这样的不断变化的情境中。也就是说,我们面对的教育时机往往是稍纵即逝的,就在一瞬间,教学的机智就体现在我们是不是抓住了这稍纵即逝的一瞬间,采取积极有效的教育行动,甚至是有意识的不行动。这恐怕就是范梅南所说的教育智慧的意蕴所在。

作为教师的我们,为了让教育的情境产生教育的时机,必须站在与某个孩子或一群孩子的关系位置上采取教育方面适当的行动,这样的行动是可以给孩子们带来心灵的共鸣和对他们的未来产生影响的。正因为如此,作为教育者,我们在具体的教育情境中采取的教育行动必须是具有示范性的,这就是教师工作并不是任何人都能做,也不是任何人都能指手画脚地提出一个什么教育理论、弄出一个什么教育模式的原因所在了。于是我们就不得不去思考所谓的"336"模式是人人的,还是每个学科的?是可以复制的还是不可以复制的?

范梅南强调的是教育学对生活经历的背景十分敏感,为了说明问题,作者引入了许多具体儿童的生活故事,而没有采取单纯的道理说教。这些具体的儿童生活故事让我们明白,作为教师,必须尽可能地搞清楚我们面对的具体学生具备怎样的能力,有些怎样的遭遇,他的家庭背景如何,他所接受的家庭教育怎样,等等。如果不了解这些背景信息,那么我们所采取的所有教育行动,都有可能劳而无功,甚至适得其反。从这个角度来看所谓的创设情境,是不是显得很荒唐?

范梅南提醒我们,"教育学的行动和反思就是在于不断地识别对于某个具体的孩子或一群孩子来说什么是好的、恰当的,什么是不好的、不恰当的。换句话说,教育生活是一个不断地进行阐释性思考和行动的实践"①。既然教育学的行动和反思是一个不断识别的过程,那么我们试图寻找一个以不变应万变的套路来应对每一个具体的个体的想法不就是一件很可笑的事情吗?

---

① 《教学机智——教育智慧的意蕴》,第81页

47　情境，更多应该是当下的

如前所说，我们在理解课堂或建构课堂时，总有个挣不脱的"枷锁"，即"创设情境"，教师们习惯于在这个"设计"之中编织种种知识陷阱，只等学生入彀。实际上，我们仔细回味这个"常识"，不禁要问：情境，真的是创设出来的吗？

杜威在其著名的"五步教学法"中，提出"在情境中体验 — 找到问题 — 搜集信息 — 解决问题 — 效验结果"，他尤其强调教学必须基于"真实的情境"；现代课程理论中的"泰勒原理"，也指出生活情境与学习情境的相似度，决定了知识和技能的可靠性和牢固性。我们的很多老师，将"情境"和"设计情境"等同，喜欢在自己的"预设"中，建立各种暗示性的设置，"定向牵引"学生，以为这样的课堂才是成功的。事实上，这只会萎化学生们的创造力和想象力，而教育也就朝着反方向发展。

我们的老师之所以喜欢在课堂上"预设情境"，一定程度上是被"新课程理念"，或者说是教育专家、学校领导们给逼出来的。管理的泛精细化、泛数据化，使他们自己丧失了想象力的同时，也习惯于流程思维，哪怕对"情境""生成"这种流动性、灵活性的因素也试图打造模式、总结出公式。"法令滋彰,盗贼多有",这种严苛的情形,多是麻烦的源头。

众所周知,美国在上世纪六七十年代打了一场越战,比较吊诡的是,他们其后的自我评价是:虽然打赢了每一场战役,但却输掉了整场战争。这种由不断累积"胜利",到最后竟换来"失败"的结局,可能是很多人无法理解的。我们再从生活的角度来说,我们学骑自行车时有个体验,即如果你只看着脚踏板,而不扶好把手、目视前方的话,是注定要栽跟头的。这两则例子想说明什么?其实只是表明,当我们的眼睛只盯着设计好的、具体的、静态的"点"时,往往会失去对"面"的掌控。

那么,从课程的角度来论,道理也是一样的。当我们过度地设计情境,将课程意志、个人意志强加给学生时,可能获得某一节课的"高效"、某一次考试的"胜利",乃至某一门功课的"成功",但从教育即生长的角度来看,学习过程就是生命体验过程,无视学生的生命需求,只有分数的灌输是不利于人的生命生长的。违背生命生长的"高效"实质是失败的。个人生活的丰富性、经验的在地性、感受的场景性都影响着学习过程,教师剪除了这些元素,在单维的教学背景中实施教育、管理,必然引起不同的"反弹":当课堂情境与一部分人的生活场景或兴趣爱好"共振"时,则产生了"优异"的学生;而当彼此无法"共振",甚至相悖而行时,则产生了"糟糕"的学生。我们的"问题生"不正是我们亲手"培养"的吗?我们学生无数美好的可能性和发展性,不正是我们自己"扼杀"的吗?

广告领域有一句广为人知的话:"有一半的广告费永远是浪费掉的,但我们不知道是哪一半。"那我们是不是可以说:所有的课堂中有一半是浪费掉的？我觉得,在主张设计情境的当下,问题恐怕还远远不止于此。比如,有老师在生物课堂中讲授"酶"的知识时,津津有味的以自己年轻时做"发酵馒头"为例,认为如此设计,是课程对生活的回归。但事实上,学生们反应并不热烈,原因是他们既没有亲手做过,也没有亲眼见过——老师在特定时空下的生活,怎么能等同于另一时空的学生经验呢？类似的困境,在物理、化学、地理中屡见不鲜,但这种"情景脱节"的现象,并没有引起人们的普遍重视。

所有改善的起点,应从尊重学生的自主选择和多元学习开始,因为只有如此的学习方式才是主动和前后连贯的,才是真正具有发展性和生命力的。

古得莱得的课程思想就很强调这一点。他主张把孩子的个性、健康和社会适应等列入学校的教育目标范畴,并基于此,将课程分成五种形态：理想的课程、正式的课程、领悟或理解的课程、运作的课程和经验的课程。人们将他这种课程理论假设称为"纵向课程观",实际上,这五者之间是前后衔接、上下贯连的。他对情境的选择很注重"校本"和"生本",从而摒弃了所谓的主观设计和圈定,在课程领域产生了很大的影响。他给我们学校管理者的启示是,当课程走出对"设计"的迷信,真正与学生的生命接通,并持续地在他们的成长中慢慢发酵时,教育才是有意义的。

说了这么多,其实我要表达的是：情境,更多应该是当下的,至少应该是学生熟悉的,不是可以随意创设的。

48　帮助,基于不同的学校和不同的个人

《一个称作学校的地方》在分析了大量的调研数据后告诉我们这样一个基本道理:"即使是最常见的问题,在每所调研的学校里,在各自特定的背景下,也有着一些独特之处。尽管学校之间在许多方面都类似,但类似之中也有不同的差别。"[1] 所以调研者"越发开始懂得,为什么对所有的学校提出的同样的建议往往不能帮助任何具体的学校"[2]。

有鉴于此,作者告诉我们在他的研究中得出的一个重要信息:"改革在实质上是每个学校自己的事情,改革的程度取决于那些与每个学校有关联并试图改进学校的人们是否掌握了制定一套有用的改革日程所必需的数据。"[3] 他提醒我们"很难设想一所学校的教职员工、学生和家长在没有掌握他们学校目前状况的具体数据的情况下,能在他们的学校里系统性地创建新的环境条件",尤其值得注意的是,"仅靠成绩测试分数根本是不够的"[4]。

读着这样的文字,怎不叫人感慨良多！看看我们的教育行政管

---

[1]　《一个称作学校的地方》,第19页
[2]　同上,第31页
[3][4]　同上,第20页

理，有多少时候不是"仅靠成绩测试分数"的？又有多少人不是靠测试的分数来衡量一所学校、一位教师、一个学生的"好"与"差"的？在我们的教育测量学中，关于教育教学的质量标准似乎除了考试成绩再也没有其他了，其原因就在于我们总是那么迷信量化考核，总是习惯于用量化的分数来考量一所学校的办学质量、一位教师的教学水平、一个学生的发展情况。在实际操作中，除了文化知识可以书面考试以外，一所学校、一位老师、一个学生在其他方面的发展往往是仁者见仁、智者见智的，是不可以用秤称用斗量的。于是我们用来衡量一所学校的办学质量、一位教师的教学水准、一个学生的心智成长唯一的"统一标准"，就是测试分数了。

正因为如此，分数就成了行政、家长，甚至学校管理者与教师衡量一所学校和一个人的教育教学或者个人业绩的唯一标准了。于是为了提高"办学质量"与"教学业绩"，教育行政、教育管理者、教育专家加上教育媒体与家长们一拍即合，不断地推出这样那样的以提高测试分数为目的的考核管理"举措"，这当中可以说，以在某一区域、某一学校推广同一种教学模式和集体备课为最了。

表面上看来，某所学校、某位教师也许因为有了自己的教学模式和集体备课，一段时间内在学科教学质量上是有了明显的提升，但是这提升背后牺牲的师生的生命质量则是我们无法通过成绩测试来衡量的。即使是有助于教学质量的提升，其他诸方面的因素也往往是我们看不到的，因为看不到，我们谁也不会去想，我们能看到的就是那个分数。所以，我们就想当然的认为某教学模式与集体备课一定会提升所有学校的办学水准、所有教师的教学质量、所有学生的学业水平。

单就"集体备课"而言，我们往往忽视了这样一个常识，这就是集体备课必须是建立在独立备课的基础上的。教育教学本就是一件个人化特征相当明显的工作。如果没有个人对课程标准、学科教材、考试说明、考试试卷的独立研究，没有个人对所教班级学生的深入了解，集体备课形成的再好的教案，对具体个人来说，也只是一纸空文而已。

在极力主张推行集体备课的人看来，因为薄弱学校的教师水准不理想，所以需要集体备课来提升这些教师的专业水准。但他们不会想到，正是因为这"良好的动机"助长了相当一部分教学水准不高的教师的"等靠要"——等集体备课形成的统一教案、靠人家的教案混日子、要人家的教案交差使，从而使得这些相对低水准的老师越来越懒惰。更要命的是，正是这"良好的动机"使得我们许多教师的研究课程标准、学科教材、考试说明、考试试卷和学生的基本素养和技能渐渐弱化了。反过来，我们还要埋怨他们的教学水准和教学技能不得长进，越教越笨，就是不去想我们在他们的不长进中起到了怎样的作用。

其实，正因为教师教学水准不高，才需要督促和帮助他们提高独立备课能力，而不是寄希望于通过"集体备课"来提升他们的教学水准。所谓"有福吃福，没福吃力"说的就是这个道理。只有当每位教师的独立备课水平提升了，集体备课才可能是有效的。因为，一个人独立备课的过程在很大程度上就是一个独立思考的过程，有了各自的独立思考，才可能有各具个性的教学设计。一个个独具个性的教学设计的交流，就有可能促使一个个的个人产生新的思考，所谓的"教学创新"也就有了可能。这一过程就是形成"第三选择"的过程。

综上所述，对教育行政、教育业务部门的官员和专家们而言，清醒地认识到"对所有的学校提出同样的建议往往不能帮助任何具体的学校"是相当必要的，唯其如是，才可以避免指令与要求、指导与帮助的

"一刀切",考核评估的"统一标准";而对具体的学校、学校管理者、学校教师乃至学生而言,面对上级的要求、指令、指导,需要的则是因校而宜,因人而定,因势而变,绝不可以盲从,更不可以跟风。

㊾ 教育,不能让孩子失去
　　创造美好生活的能力

萨瓦特尔在《教育的价值》中指出:"人文主义教育的目标,并不是让新手认同那些不可更易的信条教条、永恒的常规、习俗,而是教给他们改变自身,不让自身崩溃,不自我指责,不失去给自己持续创造一种好生活的能力。"① 而事实上呢? "在那些成功地推行义务教育的地方,也是随处都可看到学业失败、像官僚机构中一样冷冰冰的老师、课程变化不定,可能其一个比较有问题的目的就是,想将新手转变成平庸的、温驯听话的机器人,服务于万能的、全能的既定权力,受其阉割,任其宰制。"②

现行教育不容乐观的问题其实也在这里。我们的教育与教学在很多时候就是将学生培养成机器人,应付考试的机器人。我们的课堂教授的主要就是那些解题方法、应试技巧,这些所谓的方法与技巧看起来貌似很有道理,也很科学,可事实上学生掌握了这些方法与技巧又未必能够考得很好,于是乎,训练就成了我们的法宝。很多时候,我

---

① 《教育的价值》,第 139 页
② 同上,第 135 页

们的教学除了讲题目,就是做题目、考题目。学生就在题海中变得越来越平庸,越来越温顺了,个性与智慧、创造力与想象力也就在这中间慢慢丧失了。

做教师的呢,也就在这样的"教学"中疲于应付,每天面临着上级的考核与排名,在考核与排名中忘记了什么是教育,不再去想教育的本意是什么了。更为可怕的是,那些新手进入教育行业没有几年也很快丧失了原本的智慧而变得庸常了。每日里忙忙碌碌,辛辛苦苦,面对来自各方面的指责,我们很少思考原因何在,或者埋怨体制,或者埋怨考试制度和考核机制,谁也不去想造成今日之现状我们的责任何在,而推诿、较劲、造神的情形倒是时有所见。

面对这样的教育现状,萨瓦特尔让他们的教育部长正视在美国出现的这种现象:"在一些情况下,人们更喜欢把孩子留在休闲地,这样可以让孩子们自由地接触到自然(我猜他们会谈论景观、土地、土地上或土地周边的事物),援引先前的不把孩子送往学校去(或者是从不知名的学校也可以培养出大人物)的惯例,从而获得更高的潜能发挥,像亚伯拉罕·林肯(林肯没正式上过一天学,最后凭自学成为美国总统)。"[①] 其实不到学校上学的情况,现如今在我们的土地上也已经出现不少了,问题是我们在面对这种情况的时候很少从学校教育上去找问题,更多的则是在如何取缔这些与学校教育不同步的教育形式上动脑筋。

作者还指出:"教育的本意并不是去传递父母接受和认可的知识与经验的总和(这些东西父母完全可以与孩子个人交流,即便是反对

---

① 《教育的价值》,第 135 页

既定的教育,父母与学校之间的对话也总是相当具有教育意义的),而是去传递最基本的为社会所接受和认可的文化内容。孩子进入学校,是为了接触其所生活时代的知识,而不是为了验证或确证其家庭(其父母)所持的观点。"[1] 应试教育猖獗的学校教育事实上很少去关注孩子们所生活的时代的知识,更多的是在灌输那些僵化的、过时的知识,这就怪不得一些家长不让孩子进入学校学习,因为"他们相信自己有能力教给孩子们过自己想要的生活真正需要的东西","或者他们能够找到私人老师来熟练地完成这一任务"[2]——让孩子"不失去给自己持续创造一种好生活的能力"。

面对远离学校的选择,我们的学校教育是不是应该想想孔子期待的那种情形呢:"莫春者,春服既成,冠者五六人,童子六七人,浴乎沂,风乎舞雩,咏而归"? 是不是应该从美国心理学家约翰·列侬的这段话中得到一些反思呢:当我们正在为生活疲于奔命的时候,生活已经离我们而去? 很久以来,越来越快的生活节奏让我们迷失在无休无止的追逐中。到底什么才是我们想要的? 人有时候像人世苍茫中的孤舟,我们多么需要一个宁静的海岛,安心地享受这个世界赐予我们的一切:蓝天白云,丛林飞鸟,以及艺术和娱乐。

---

[1] 《教育的价值》,第 139 页
[2] 同上,第 135 页

50 教学质量的提高，
有赖于教学环境的改善

在《一个称作学校的地方》一书中，作者向我们提出了这样一个值得深思的问题："人们希望教师能日复一日地热情奔放地教学生，并敏锐地诊断和帮助学生克服学习上的困难。这种希望现实吗？"紧接着，作者用杰克逊的研究"教师在每个小时上课时间里要做出 200 多个决定"和一位教师的陈述"正是每天与 173 名学生的交往使我筋疲力尽，垮了下来"告诉我们这样的结论："教师的负担如此之重，以至于即使他们能采用最佳的教学方法，他们中的许多人也会转向使用那些精神和身体都不那么劳累的老办法。"[①]

当下我们的教师的压力和负担恐怕远甚于作者调查的情形。我们不仅要面对一百多位学生，还要面对这一百多位学生背后的父母、祖父母、外祖父母，更要面对来自学校领导和教育行政部门乃至整个社会的负担，所以，我们就只能在这些压力下缴械投降了。诚如一位教师所言："这些年，身边的同事们也囿于对成绩的追求，对所谓各种

---

① 《一个称作学校的地方》，第 207 页

奖项的在意，课堂的匠气越来越重，灵性缺失。重知识，讲技巧，却忘记了最根本的思考和思想。其实对于语文而言，我一直认为，不论阅读和作文，不是靠技巧和训练就可以提高的，思想的高度才是决定因素。没有思想，再好的技巧也是无骨可附的皮肉，毫无用处。当课堂被大量花哨的课件占据，对文字的想象和敏感也就淡漠了；当思考被海量的训练抢夺，大脑也就只能成为执行程序的硬盘。"

是的，按程序走是最简单、最保险的，至少不会在各种各样的考核中出岔子，因为我是按照你们提供的套路走的，要不就是你们的套路有问题，要不就是考试试卷出了问题，总之问题不在我们这里。再加上领导要靠成绩邀功，更要靠成绩升迁，于是听到哪里出了个什么"高招"就急不可耐地趋之若鹜，硬生生地绑架着我们回到唯分数的老路上来了。就这样，我们进一步习惯了按着剑谱练招式，照着统一的教案去宣读，下载现成的课件去翻页。谁还会去想，这教案适合我吗？这课件适合这课堂吗？再说，上面要检查啊，我们不按着这样的套路来，怎么应付得了检查呢？

在这样的教学生态中，教师怎能不感到筋疲力尽，哪里还有心思去思考我们这样的课堂会给孩子们带来怎样的负面影响的问题？因为一旦在考试中有所失误，我们遭遇的就有可能是倾盆大雨——异口同声的"正义的谴责"。于是，除非"傻了"，我们只能不冒创造性教学可能遭遇的风险，而屈从于行政的命令，回到挂着新招牌的传统教学方法的老路上去。

这样的教学生态，还导致我们"不敢指望今后能不断吸收有献身精神的、受过良好训练的人来当教师并留在教师队伍里"[1]。这样的尴

---

[1] 《一个称作学校的地方》，第 209 页

尬早已经出现了,而我们总是不以为然,或者说我们总是感到"束手无策",或者出于我们的某种说不出的原因而熟视无睹,以致形势越来越严峻。

如果我们只要求教师提高学生的成绩,而不去研究影响教师提高教学质量的环境问题——这环境,不只是工资晋升、职务升迁、住房条件、医疗保险等等,更重要的是实实在在的、不是写在纸上喊在嘴上的平等、尊重的人际氛围和尊师重教的社会风尚——没有这些教学环境的改善,"我们就不可能改善教师的职业生活,也不能提高他们所在学校的教学质量"[①]。

---

① 《一个称作学校的地方》,第 209 页

51 没有健康，就没有人的发展

为人的教育，首先关注的自然是人的身心健康，而不是考试成绩和升学指标。洛克在《教育漫话》中，花了相当多的篇幅谈及健康、身体与人的发展的重要性。他说："健全的心智寓于健康的身体。""凡是身体和心智都健康的人，就不必再有别的奢望了。"①

当我们的学校教育与家庭教育关注的只是孩子的分数的时候，我们是不会考虑我们在"为你好"的动机和言辞下所采取的一些举措会对孩子的未来产生怎样的负面影响。我们的学校会以"集中营"式的管理而得意，因为这样的管理孩子们除了亢奋还是亢奋，而这亢奋又仅仅是围绕训练与做题的，是直指高考或中考的——不考本科不罢休嘛！而我们的家庭呢，对孩子的唯一希望，也是要考个重点，要考上清华、北大。要光宗耀祖啊！

我们谁也不会想"我们要能工作，要有幸福，必须先要有健康；我们要能忍耐劳苦，要在世界上作个人物，也必须有强健的身体"②。我们想到的只是希望我们的孩子能够像机器一样在应试的流水线上运

---

① 《教育漫话》，第4页
② 《教育的哲学基础》，第83页

转，看到题目就能下意识地、机械地运转自如。而要让他们达到这样的境界，我们的办法似乎只有这样两种：一是拼时间，耗体力；二是喊口号，搞"励志"。于是，"四大名校"的管理模式与经验就这样成为我们信奉与追逐的神魔了。

教育，就这样成了一个体力活，要成绩就借助口号与励志。为了分数，早读已经不够了，还要早早读；晚自修也不过瘾了，还要有晚读；午休不能有了，一定要改为午练。就这样塞满了我们每一天的时间，你还得"充满激情"，朱自清先生不是说过"洗手的时候，日子从水盆里过去；吃饭的时候，日子从饭碗里过去；默默时，便从凝然的双眼前过去"吗，于是，我们不要洗手，也不要吃饭，更不能凝然，唯有做题做题、训练训练，因为做题和训练可以使我们亢奋，可以使我们击败对手，可以让我们成为接班人，可以报答父母恩啊……更可怕的是那狂热如"盖世太保"式的宣誓，躁动如"文革"式的跑操，真不得不让人坚信"'文革'就在一小时之间"。

结果，我们的孩子不知冷暖了，变得淡定了，人家棉衣早变夹袄了，我们依然是"狐裘不暖锦衾薄"呢。何以取暖，跑操跑操，边跑便喊口号："每天锻炼一小时，幸福生活一辈子"，貌似这样我们就健康了，也幸福了。实在不行，挂着吊瓶做题、训练、考试就是。"不考清华不罢休"啊！这样的教育，告诉我们的是，人是不可以没有精神的，然而可以没有身体，也可以没有休闲，更可以没有乐趣。一个习惯了没有休闲没有乐趣的生活的孩子一旦走上社会，会出现怎样的状况呢？我们谁也不会去想，因为我们要的只是眼下的业绩。

如果我们的教育，真的想将我们的孩子培养成这样的人，难道不是最大的罪恶吗？

作为教育工作者和家长，我们首先必须明白"身体、精神有一方面不健康的人，即使得到了别的种种，也是徒然的"。看看那些高考状元、奥赛金牌得主离开学校走向社会后的境况，我们难道不应当反思我们以往和现在所采取的那些反教育、反人性的主张与举措的罪恶所在吗？所以洛克说："凡是身体和心智都健康的人，就不必再有别的奢望了。"

52 不要像做好事一样的做坏事

奈杰尔在《40堂哲学公开课》中谈到斯多噶主义哲学的核心思想时有一个表述:"我们能主宰自己的感情和思想。"[1] 也就是说尽管许许多多事情的发生与走向我们无法控制,但对已经发生的所有事情的态度则是我们自己完全可以控制的。

就如高考的形式与内容我们无法控制,统计排名与绩效挂钩的考核方式我们无法控制,各种评估与验收我们也无法控制,但如何对待这林林总总的考核评价与挂钩的态度,则是我们自己可以控制的。想起当年我做校长时,有一年"三模"结束,分数也基本出来了,管教学的吴校长是不可能不去关注分数的;全区职业中学提前招生开始了,分管初中的季校长也不可能不去思考如何完成上面下达的任务。当然,我也不可能不关注这些。但是,我对他们两位的提醒是,对形形色色的与绩效挂钩的考核的态度是我们自己决定的,任何人都强加不了,看淡一点就坦然了。就如哲学女神所说:"任何事物本身者不可怕——是否可怕,完全取决于你怎样看待事物。"[2] 你看重了负担就

---

[1] 《40堂哲学公开课》,(英)奈杰尔·沃伯顿著,肖聿译,新华出版社,2012.10,第28页
[2] 同上,第41页

重了,你看轻了负担也就轻了。

我对同仁们更多的提醒是,不要老是同师生谈分数,谈排名,也许不谈会比谈的效果要好许多。职业中学提前招生也是如此,每个人都有自己选择道路的权利,谁也不可包办,我们能做的就是用我们的经验和理解来向家长、学生解释他们的疑惑,至于他们如何选择那是他们的事情。没有必要为绩效考核成绩做出不该做的事情来。许多事情看淡一点,也许可以看得更清楚。我们最应当忌讳的恐怕就如塞内加所说的那样,有的人做坏事也像在"做好事"一样用心。也就是说,作为教师,尤其是作为学校的管理者,我们要时刻提醒自己,不要像做好事一样地去做坏事。

一个孩子,他考不考大学,上职业中学还是上普通中学,一切都当由他自己选择,谁也不可以代替他。再说,人生可选择的道路原本就很多,关键是我们如何选择一条适合自己的道路。《郁离子·盼枭成凤》说的其实就是这个道理。枭就是枭,凤就是凤,许许多多的东西我们是解决不了的,说通俗一些就是强扭的瓜不甜。弄不好你还得承担担当不了的责任。

作为教师,我们应当而且能够为学生做的就是通过种种方式和渠道让他们明白,最佳的生活方式就是简简单单、快快乐乐地生活,就是要学会善待自己,善待他人,善待生活,努力置身于朋友当中,凡事适度,不要苛求。就如庞罗所说的,你若想快乐,就必须克制自己的欲望,别去关心事情的结果。生命原本就是一个过程,谁都有起点和终点。不同的只是过程,快乐地享受生命的过程,也许当我们终老的时候就不会感到这辈子白活了。

第七辑
建构自己的教育哲学

53 学校不是一个人学习的唯一场所

古得莱得说:"我和许多其他人一样,认为学校接受了某些关于人类和人类的学习能力的神话,而这些神话在我们的社会里是根深固的。"[①] 这从另外一个角度告诉我,类似"高效""奇迹"这样的教育神话之所以得以横行的原因就在于"学校不是与社会唱反调的机构。学校教育的环境使得它们很难去追求那些非社会传统性的想法和理念"[②],在整个社会的功利性目标裹挟下,学校需要业绩,于是学校中的学生"学习变成了一条单向的通道,严重地依赖抽象的符号和对符号的掌握,而不是依赖事物和对事物的把握,也不依赖事物与符号的关联"[③]。学校就这样向学生传递着某种价值观,往往使得许多学生认为"如果你不想上大学,这所学校就认为你不很重要"。[④]

"我们的社会对学校教育有着理想化的高目标,而学校为学生提供的机会是有差别的,并且这种差别是受到支持的,这样一来在目标与现实的差距之间就存在着极大的虚伪性"[⑤],古得莱得的研究表明"当某人进某校、被分到某个班级时,就会发现各班之间存在着极大的

[①][②][③][④] 《一个称作学校的地方》,第 154 页
[⑤] 同上,第 173 页

差异"①，这种差异，自然会影响他们所接受的教育的差异。

实际教育生活中，为了印证某些根深蒂固的神话的可能，我们总是习惯于将学生人为地分为两个部分，一部分学生强调职业学习，另一部分学生致力于学术的。这样，眼睛自然就会盯在效益上。在现行的评价机制中，最能看得到的效益自然就是考试成绩了，所以我们就总是在如何提高考试成绩上绞尽脑汁。比如分快慢班，说好听一点叫"分层教学"，看上去似乎是一种"因材施教"的需要，但这样的举措在古得莱得看来，"颇具讽刺的是，这个以照顾学生个体差异为名义而使用的措施恰恰可能会阻碍学生个人的学习问题的关注"②。对那些不准备上大学的学生来说，去慢班或者去职业学校"初看上去似乎是一个心满意足的结果，但这种分班无论对个人还是对社会来说，都可能会带来严重的后果"③。

在调研分析了美国许多学校按能力分班的情况后，古得莱得告诉我们："数据表明，在那些按能力和成绩分班的学校中，学生被分入低班，就意味着他们将很少有机会得到越来越被公认为是较为令人满意的学习条件了"④，因为不公平的待遇，"低班学生的自尊较差、不良行为多、辍学率高、犯罪率高。分班的结果影响了学生是否上大学和被接纳的可能性，远远超过了能力和分数对他们的影响"⑤。同在一所学校分班都不得均衡，还妄谈什么教育公平与均衡教育？我们口口声声说要"办人民满意的教育"，"人民满意的教育"是不是就是"升学率"

---

① 《一个称作学校的地方》，第 171 页
② 同上，第 177 页
③ 同上，第 159 页
④ 同上，第 168 页
⑤ 同上，第 164 页

高的教育？就是人为地将学生分为"三六九等"的教育？就是为社会提供高犯罪率的教育呢？

古得莱得提出了这样一个不容置疑的问题："在讨论教育的时候，我们不可能长时间地排除教育与工作的相关性问题。"[①] 技术的进步、社会的发展，变化中的市场对就业者已有的知识和技能的挑战越来越严峻，但在学校实际教学中，更多地将目光盯在应试上，而很少关注人的生命发展。

古得莱得的研究提出的三个问题同样值得我们深思："第一，学校在与周围文化环境中的社会经济现实抗衡时有多少威力（实际上是权力）？第二，学校教育是根据哪些以及应该根据哪些人类学习的理论来经办？第三，怎样处理受教育者之间存在着很多个体差异的问题，在这方面有哪些实践的可能性？"[②] 他认为，解决这些问题的途径在于实施"通才教育"和"混合分班"。"如果提供了适当的学习条件，几乎所有的孩子都能够学好数学、科学、社会学和其他的科目"，"所有的学生通过同伴的帮助、诊断性的测试、纠正性的反馈等方法，每年都可以升上一级"[③]。

但是我们依然必须相信，即使所有的学生都有了最为优越的教学条件，高中毕业生在智力取向、知识和工作习惯等方面，也将存在着巨大的差别。部分的原因是，学校不是一个人学习的唯一场所。

---

① 《一个称作学校的地方》，第 160 页
② 同上，第 172 页
③ 同上，第 178 页

54 生长的奇妙，在于不能预设

从杜威的"教育即生活"，到陶行知的"生活即教育"，再到古得莱得的"经验的课程"，都极其强调课堂对"生活"和"经验"的皈依。这几乎是实用主义学派和进步主义学派的共同主张。的确，学生的生长是根植于既不能预设也无法预判的生活之中的，离开了这些，教学就失去了生命。

站在这一点上思考，其实学生的生长也是无法设计的。西方学者丽塔·卡特在《大脑的秘密档案》中提到："每一个人大脑所建构的世界都不一样，因为每个人的大脑都不相同。所以，同一个外界物体对每一个人来说，感受都不一样，因为没有任何人有同样数量的运动神经细胞，红色敏感的细胞或侦测直线的细胞。"[1]

显然，我们可以从中看到一些蒙台梭利所谓的"童年的秘密"。"课堂"确有无穷的韵意，它的发展更是无法预测的。有些教师可能会反驳：每节课，不是有它的教学任务吗？任课堂自由发展，岂不是乱了套？我觉得，这个问题依然得从理念的角度来回答。实际上，课

---

[1] 《大脑的秘密档案》,(英)丽塔·卡特著,洪兰译,台北远流出版事业股份有限公司,2013.07,第 181 页

堂中那些知识、技能、价值观,从更人性的立场看,不是教师"教"出来的,而是学生"悟"出来的。只有学生通过自己的感官、心灵去体悟,得到的,才是他们自己的东西。

《黄帝内经》里面谈到"消化","消"和"化"两者的区别是什么?"消"仅是将物质分解,是物理过程;"化"则是质变,将食物变成人体的物质和能量。就教学来说,"消"正是一种知识还原和分解,从繁杂浩瀚的表象中找出"原理""公理";"化"是一种聚合和重组,将外显的东西转变为自身的需求。我们常听到老师抱怨,学生对课堂"消化不良",这正是教师无视其实际,主观包办和刻意设计的结果。学生无法将之有效整合,整天处于"为人之学"的苦境中,他们得不到"为己之学",又欲罢不能,课堂中除了得来些机械的应试知识,所谓的成长,究竟该从何谈起呢?

成长的可贵性,就在于其不能预设。我们无法断定一个孩子将来的发展形态。有则笑话意味深长:一校长告诫教师,考满分的学生要对他好,以后他会成为科学家;考80分的学生要对他好,他可能和你做同事;不及格的学生更要对他好,因为他会捐钱给学校。我们在做自己的课堂时,应有更多的谦卑心,甚至要"如履薄冰,如临深渊"。常人总是将自己的经验代之于他人,总是习惯以一己之私度之于他人,这并不奇怪,但对发展中的学生来说,如此做,就天然给他们设了限,剥夺了他们的想象力和创造力。

我们的改善将从哪里开始,尤其是对学校的领导者来说?我以为,一方面是扩大课堂的外延,甚至可以模糊课堂的边界,使之处于整个校园环境、生活环境、自然环境之下。让学生有机会利用自己的观、想、行、识、意来完成独一无二的、无法替代的个人成长,让学生走出教室,走出学科,走出文本,在更大的时空包容中探寻、体认、回归、创生,把课堂做成立体的、交叉的、互动的、多元的小社会。同时,还要加强对实验课、活动课、校本研究课的利用,发掘出地方文化、历史、地理中的教育要素,比如开设电影课、人文阅读课等,都是一种生命的奇妙体验。

在此基础上,引导学生回到教室、回到学科、回到文本——这"一进一出"的过程,正是"消"与"化"的妙用之道。也就是要引导学生从真实的课程情境回到学科、课堂情景,带着体验和问题来重新认识课程。而教师在其中的作用,正如马克思·范梅南所说,记住教育者的替代父母的关系。教师更多的角色,应定位在引领者、指导者、帮助者和同行者上。如果忘记了教育教学的生成性和无法预设性,我们定位失真,任何看似科学、勤奋、周全的领导,只会反向而行,甚至是用力愈多,为害愈深。

课堂,是每一个教师的精神恪守所在,也是每一个领导者最关心的重点。内在课程的目标,着眼的是师生的学习能力、探究能力与创新能力,而非灌输和训练知识和技能的能力。但时下的所谓"课堂理论"中,流弊太多,门派太杂,让人在鱼龙混杂中如坠云雾;操作中,谬误之举、野蛮之举、迷信之举、自私之举,数不胜数。但静下心来看,所有问题都有一个共同的基因,那就是"控制欲"。

这种"控制欲",或者说"预设""预判""假设",才是我们的最大敌人。我们知道,对老师有这样一种评价:三流的教知识,其不过满足临时之需;二流的教方法,其可解决一类问题,但终不能贯通;一流的教思想,其可达"心游万仞,精骛八极"的境界,为学生一生的发展注入源源不断的生命能量。

作为学校管理者,也是一样的道理,我们关心的不是一城一地的得失,不是朝夕之间平均分、座次的起起落落,而应"风物长宜放眼量",站在人生成长、人生发展的角度,给学生积累一点毕生受用的东西。而做到这一点的前提,就是"去控制化",在"井井有条"的科目中,学生有自由呼吸的空气吗?在"按部就班"的情境设置中,学生有多维的思考吗?在"模式化"的课堂教程中,学生有自我表达的可能吗?要知道,强力控制的,往往是一种盆景;只有自然成就的,才是真正大美的风景。

55 习惯是人的"第二天性"

《教育的哲学基础》在"实用主义哲学和教育"一章中收录了美国哲学家威廉·詹姆斯的《与教师的谈话》,威廉·詹姆斯在这个谈话里特别强调习惯对于人的教育与成长的作用,他认为"教育包括在人类的资源组织和力量的行使中,这使人类得以适应社会环境和物质环境。一个'未受教育的'人是一个除了最习惯的情景以外对所有的事物都感到困惑的人。与之相反,受过教育的人通过记忆中储存的榜样和所获得的抽象概念,能够在以前从来没有过的环境中解救自己。简而言之,将教育称为获得行为习惯和行为倾向的组织,这是再好不过的描述了"[1]。

从中我们可以知道,从事教育的学校、教师,留给学生的最重要的就是习惯,教育的重要任务就是培养学生的习惯,学校和教师"应该帮助他们养成习惯,引导他们获得行动的能力——情感的、社会的、身体的、口头表达的、技术的或其他没有提到的"[2]。我们必须清醒地认识到,习惯对于人的生长的重要性远胜于教材的内容和试卷上的题

---

[1][2] 《教育的哲学基础》,第 154 页

目,因为"事实上,我们的美德和邪恶都是习惯"①。

身为教师,我们首先必须检点的是我们自己身上的许许多多习惯是不是堪称表率,所谓"一日为师,终身为父"与其说强调的是师道尊严,倒不如说是对教师言行提出的要求,也就是说,我们必须牢记教师的身份,努力改善我们的言行,哪怕是细小的举止甚至服饰打扮,为"父"的一定得像"父"。

因此,威廉·詹姆斯建议:"教师首先要关心的应当是把多种对整个一生的发展最有用的习惯植根于学生身上,教育是为了行为,而习惯是构成行为的原材料。"②现实的教育中,我们尽管也知道习惯对于一个人的成长的重要性,也会将习惯决定命运等等的言语挂在嘴上,但在实际工作中我们的问题往往又表现在自身的不足上,比如我们的言语总是习惯于上对下,习惯于训斥,习惯于絮叨;我们的行动总是习惯于简单与粗暴,习惯于控制与管束;我们的内心则更习惯于服从,习惯于随大流,甚至习惯于所谓的"时尚"。于是我们很少有自己的思考和建树,更多的是人云亦云。我们不知道,正是我们的这些习惯压制了孩子本当有的灵气与智慧,使得他们一个个成了"泥塑木雕"。

我们的另一个毛病是在对学生习惯的养成上要求不严,没有持之以恒地坚持,总是运动式的一阵风,风过去了,要求也就过去了,根本没有认识到"习惯是我们的第二天性"。针对我们这样的毛病,威廉·詹姆斯提醒我们:"每一次松懈就像让线上的球跌落,一次滑落松开的线需要再一次缠绕许多圈。连续不断的训练是使神经系统确定无误地运作的最好方法。"③也就是说,当我们在培养孩子的某一种被

---

①② 《教育的哲学基础》,第154页
③ 同上,第155页

经验证实了的、对人的成长有益的习惯的时候,"绝对不要容许例外发生",直到新的习惯确定无疑地在孩子的生活中扎下根来才罢,所以我们要在孩子们由幼儿到童年、由童年到少年、由少年到青年、到成人的生命历程中早作打算。

我们还要明白,每一个人在适当的年龄都会对某些事情产生特定的兴趣,如果"不持续地以合适的内容培养它,使之成长为一个强有力的和必备的习惯,它就会消退并且丧失掉,被相反的兴趣所俘虏"[1]。事实正是这样。譬如当孩子在青春期对异性产生好奇和欲望的时候,我们总是视它如洪水猛兽,总是采取种种堵的方式,很少考虑如何在这个阶段教给学生与异性相处的态度、方式和方法,几乎没有人去考虑培养孩子们与异性相处的习惯。曾经有学生向我反映他们的老师禁止他们与异性交往,问我怎么看。我告诉她这样的禁止是不合适的,有男有女方为"好",但在这个年龄怎么好,好到什么程度,是有考究的。我给教师的提醒是,想想我们自己在那个年龄段是怎么过来的,难道我们对异性就无动于衷吗?如果不是,我们为什么没有出问题呢?为什么我们能做孩子就不能做?其实,我们要做的恰恰就是从孩子的身心特点出发,给他们以良好的建议和指导,帮助他们形成良好的与异性交往的习惯。要知道这个时机丧失了,对他们在未来的人生道路上如何与异性交往是相当不利的。

我在这里借詹姆斯的观点建议我的同仁们,作为教师我们要清楚地认识到"一个人的'天性''性格',只不过意味着他习惯了的联合方式"[2]——"邻近率"(由一个客观实体想起了它的名字,或者反之)与

---

[1] 《教育的哲学基础》,第 155 页
[2] 同上,第 156 页

"相似率"(将细小的观念联合起来,将一种观念与另一种观念联系起来)。教育的结果就是"一点一点地充实人的心灵,随着经验的增加以及观念的储备"去"迎接生活中最为多样的危机事件"[①]。

---

① 《教育的哲学基础》,第 157 页

56 由"我—它"走向"我—你"

存在主义哲学的代表人物马丁·布贝指出,信息化时代,在商业、宗教、科学和教育中,人们总是会有意无意地被当作物来对待,学生仅如计算机里的数据一样存在于许多人之中。用他的话来说,只是一种"我—它"关系——即个体总是将自己之外的外部世界看作实现个人目的的冷漠的工具。他用大学的现状为例,说在大学里,一门课程就有 200 多人,老师只是机械地讲授、布置作业、批改论文以及给出分数,很难记住每个人的名字,甚至很难记住到底哪些人选了这门课,师生之间彼此疏远,学生上完课,又被同样没有姓名的人所代替。①

这样的描述,在我们的基础教育中似乎更为普遍。一个时期以来,在放大"优质教育资源"的幌子下,在某种利益的驱动下,"千亩校园,万人学校"似乎已经成了一种时尚。我们在兴办这样的超大规模的学校的时候,谁也不会去考虑学校教育与商业活动、工业生产的区别所在,在这样的学校,不要说学生,就是管理者一年中恐怕也很难见上校长一面,更不要说有机会聊上一两句了。

---

① 《教育的哲学基础》,第 233 页

更为普遍的是,一些所谓的名校的班级学生数,动辄七八十,多则八九十。试想一下,一位教师面对这么多的学生,除了机械地、下意识地完成教学任务,他还有可能熟知他每天面对的一个个个体吗?反过来说,做老师的不熟悉你的学生,你的学生又怎么会熟悉你呢?我的孩子曾告诉我这样一个真实的情况,高中阶段,有位教了他们整整一年的任课老师,他们毕业十年后居然全班没一人能够想起他姓甚名谁了。还有更夸张的,有朋友告诉我说,有学生居然搞不清现在他们某任课老师是男是女。

试想一下,师生们就在这样陌生的学校中生活,教育对师生而言会是一种怎样的状况呢?

在马丁·布贝看来,师生间的关系绝不应当是一种冷漠的"我—它"式的主体与客体的关系,而应当是一种感受对方情感的"我—你"式的关系,也就是说,师生之间恰当的关系是主体与主体之间的关系。师生间分享彼此的知识、情感和追求,双方以人的方式分享对方的生活。尽管师生在知识的积累和储备上是不一样的,但是,他们在人格上是平等的。

用马斯洛的观点来说,就是"我关注自己的感受,也关注你的需要"。

作为一个具体的个人,我们要有一种"存在的勇气",时不时地检点我们的私生活,努力改变我们肤浅的信仰和不负责任的行为。尤其要重视大数据时代对师生关系的影响,恪守教育伦理,防止行为失范。我们要有个体的自我感,也就是说,不仅要记住我们作为教师的职业本分,更应当有意识、自觉自愿地去熟悉学生、了解学生、信任学生。要充分认识到我们是学生学习的促进者和帮助者,要用我们的智慧去帮助学生释放潜能,同时也要明白,在与学生交互活动,寻找"人的潜能与智慧"的过程中,我们也是一个受益者。

存在主义理论给我们的启示就是,在教育教学活动中,只有参与,才有可能创造,个体作为参与者投入其中,探寻与自己生活相关的情感与观点,才可能创造与自己相关的观念。我们必须认识到,在教育教学活动中,作为师生双方的"我"与"你"是互为主体的。"教育将个人看作是世界中的独特存在——不仅是观念的创造者,而且还是活生生的、感情充沛的存在。"[1]

---

[1] 《教育的哲学基础》,第244页

57 谈话与对话

弗莱雷的《被压迫者的教育学》与英国戴维·伯姆的《论对话》一样,是为数极少的阐述对话问题及其实质的著作,被誉为被压迫者的"教育圣经"。

弗莱雷在谈及师生关系的时候一针见血地指出,现今的教育让学生只能接受、输入和存储知识,甚至毫不客气地认为,教师和学生的不平等表现在:前者认为后者的"无知"是绝对的,同时,这也是前者用以证实自身存在合理性的前提。

我们总是习惯于将自己摆在一个居高临下的位置,总以为我们预设的教案是放之四海皆准的,我们所教授的总是学生所欠缺的,更是他们需要的。所以,我们根本不去思考我们的预设到底与学生的生活实际和需要有没有差距。在我们眼里,学生就是"储存器",就是"保管人",我们意识不到,"只有通过交流,人的生活才具有意义。只有通过学生思考的真实性,才能证实教师思考的真实性"[①]。所以我们总是习惯于喋喋不休地说教与灌输,很少去顾及孩子的感受。这样的问

---

① 《被压迫者的教育学》,第 28 页

题,我在《孩子,我看着你长大》①中也看到了许多。

吴老师对宋小迪同学花费的心血让人敬佩,但是,吴老师在帮助宋小迪的过程中表现出来的问题一样值得我们每一位老师警醒,用宋小迪同学的话来说,就是我们这些做老师的,其实并不明白一个孩子——被人逼迫着去做一件违背意志的事而放弃心中原本的念头——的感受。我们总是自以为是地认为,我们对孩子已经很了解了,于是习惯于将我们的了解强加在孩子身上,胁迫着他们按照我们的设想去行走和思考。我们根本无法理解宋小迪"我觉得我不像是为自己而读书,而是在为父母、为老师、为面子、为分数而读书!这个错我已经犯了十四年,我不想让这个错犯一辈子!"的呐喊。

宋小迪的呐喊印证了弗莱雷这样的论断:"教师不能替学生思考,也不能把自己的思考强加给学生。真正的思考,即是对现实的思考,不是发生在孤立的象牙塔中,而只能通过交流才能产生。如果思想果真只有当作用于世界之时才产生意义,那么学生便不可能屈从于教师。"②

弗莱雷呼吁:"解放教育表现在认知行为中,而不在信息的传递中。它是一种学习情景,可认知的客体(远远谈不上是认知行为的目的)成为认知主体——一边是教师,另一边是学生——的中介媒体。因此,提问式教育的做法一开始就注定要解决教师与学生这对矛盾。对话关系——对于认知主体在理解同样被认知的客体来说是一种不可或缺的能力——要不然便不可能建立。"③

---

① 《孩子,我看着你长大》,吴樱花著,江苏文艺出版社,2007.04
② 《被压迫者的教育学》,第28-29页
③ 同上,第31页

身为教师,必须清醒地认识到在与学生的交往中,我们必须蹲下身子来,以平等的姿态看待我们的学生,以"对话"而不是"谈话"的方式来进行交流,如此我们的用心与努力才有可能达到我们的期待。要知道"'对话人'在他们面对面之前就相信他们,但他的信任不是幼稚的",也要明白,"对人的信任是对话的先决要求"[1],只有"教师和学生都把他们的认知行为引向作为他们的中介的对象"[2]时,真正的对话才能开始,才能达成双方的期待。

---

[1] 《被压迫者的教育学》,第40页
[2] 同上,第42页

58 该松手时要松手

柏拉图的《理想国》中有这样的表述:"人们说善的形式是要学的最重要的东西,正是因为与善相连,正义以及其他美德才变得有益"[1],"人们直觉地感到善的存在,但又深为迷惑,无法正确地掌握它,像对其他事物那样形成稳定的信念",但"无论如何,我想一个人不知道正义和美为什么是善,他就没有足够的资格做正义和美的守护人。"[2] 教育其实就是劝人为善,至少是帮助人去寻找和发现所谓的善。当我们有了善念,我们就有可能在为人处事的时候轻松自如,游刃有余了。

做人、做事总是像个斗士,是要出问题的,该松手的时候,一定要松手。当然,总是摊开五指也是会出问题的。我们的问题就在于总是各执一端,忘记了松弛有度。目有张合,手有松握。张合之间有变化,松握之间有乾坤。文武之道一张一弛,该松手的时候,一定要松手。松手,其实是为了更好地握拳。我还是相信,当我们明白了紧握与松开同等重要时,我们的生活一定会变得更美好、更有情趣。

为什么在今天,我们依然执意将学生的学习时间安排得紧紧的,

---

[1] 《理想国》,(古希腊)柏拉图著,李美静译,武汉大学出版社,2011.01,第 180 页
[2] 同上,第 181 页

总以为抓紧了就一定会出成绩呢？恐怕这与我们的所谓哲学观念有着千丝万缕的渊源吧。一直以来，我们信奉的不就是"多快好省""勇争第一""敢为人先""只要功夫深，铁杵磨成针"这样的哲学命题吗？在这样的"哲学意识"中，我们坚信人是可以胜天的，而"胜天"可不是一件马虎的事，是要握紧、再握紧的，不是说"阶级斗争松一松，阶级敌人攻一攻"吗？我们一松手的话，天不就要掉下来？可是，我们有没有想过，我们总是握着个拳头不放松的话，我们的手臂会怎样，我们的身心又会怎样呢？

理念论者的意识中，所有的教育都是"自我教育"。所以，霍恩主张，教育应该鼓励学生具有"不断完善的愿望"，每个孩子在教育活动中都应朝着理想的典范进行自我塑造。身为教师，在许多时候是要学会松手的，松手的目的就在于让我们的学生一旦离开了我们和学校，仍能很好地独立学习与思考。

《康德论教育》中说："教育全在于建立正确的原则"[1]，"青年应习于绝对的自尊，不比和别人相比"[2]。从这个意义上说，做教师的重在为学生形成正义与美的价值判断提供帮助，而不是用我们的价值判断去操控他们。所谓放手，就是要让他们获得应有的自尊。

---

[1] 《康德论教育》，(德)康德著，贾馥茗等译，台北五南图书出版公司，2013.01，第24页
[2] 同上，第137页

59 迂回不仅是一种选择

我在批注《孩子,我看着你长大》时,有一个很明显的感觉,即便像吴樱花这样用心的老师,也存在一些老师对待"问题学生"的毛病:恨铁不成钢,希望学生理解自己的苦衷,用行动回报自己的付出。其主要表现是听到或者发现这孩子又"惹事"了,最初的反应就是,这孩子怎么就不领情,怎么老是愧对老师的一番心血,紧接着就是找他谈心,给他父母打电话。

我们可以从下面这个小故事中得到一些启发:

威廉是一名体育老师,他试图通过创设情境使学生掌握"run(跑)、catch(抓住)"几个词的用法。这节课他拿来一个篮球,让学生排成两队,依次传球并跑到另一队后面。威廉不停地喊 run! run! catch! catch! 学生很投入地做着。忽然,一个调皮的男生非常用力地把球砸向一女生,威廉跑过去一下子抓住了球,非常生气。要知道,这可是在教室内,这一动作是很危险的。中文助教在旁边静静地看着威廉如何处理。学生很快意识到自己做了一件蠢事,等待着老师训斥。很短的时间,威廉恢复了表情,把孩子喊过来,手把手教这个男生传球,这次学生传得很好。

"Good!"威廉伸出了大拇指。

"问题学生"身上的问题不是一两天形成的,"问题学生"问题不断,老毛病复发,是正常现象。在某种程度上说,他身上的那些"问题"一下子都消失了的话,倒是很可怕的,因为这"消失"的背后,说不定酝酿着更大的"风暴"。威廉的智慧在于不是"视而不见",而是因势利导,转移注意力。既给了孩子颜面,又让孩子内心感到了老师的宽大胸怀,一切尽在不言中。"问题学生"老毛病复发不可怕,可怕的是不允许他复发。

生命的生长本就是慢的过程,身为家长和老师要有足够的耐心,一个孩子同样的问题,发生在不同的情形下,处理的方式也应该是不同的。费尔南多·萨瓦特尔在《教育的价值》中有这样的提醒,我觉得是我们每一位教师必须注意的:"真正的教育不只是教育他人思考,而是也要学习思考他人的想法"[①],"教育的首要目标就是让我们认清自己的现实。我们要学习他人的智慧,这并不仅仅意味着学会预知他人反应的技巧,也不只是操纵它,使其对我们有利,而是要站在对方立场去思考,或是使其变成我们的依靠"[②]。

我对费尔南多·萨瓦特尔的表述最初的理解是,我们处理问题的时候,一定要在对方的立场上思考,同时,也必须明确"万事皆有因"。我们需要搞清楚,为什么他会犯这老毛病,而不是为他的再犯而纠结。其实,这也就是杜威的"儿童立场",做教师的许多时候都要记住,要站在教育对象的立场上思考问题。否则,我们就无法理会孩子的"不领情"。

---

① 《教育的价值》,第 12 页
② 同上,第 13 页

所以费尔南多·萨瓦特尔尖锐地指出,"我们犯了一个严重错误,把教育方法当成计算机的编程",忘记了"信息处理和价值理解不是一回事。价值的转换和新价值的创造更不是一回事"①,我们无法理解孩子们为什么会重犯过去的错误,每当遇上孩子重犯错误时总是想着立马去矫正,而不会想到这是很正常的情况,更不会像威廉那样委婉迂回地让孩子自我认知,自我觉醒。如此,我们必然心力交瘁,尽管我们依然坚守。让我们记住费尔南多·萨瓦特尔的提醒:"那些大声警告,常常使得教育榜样这一教学模式的效果适得其反。"②

---

① 《教育的价值》,第 11 页
② 同上,第 29 页

⑥⓪ 一个人并不是另一个人的对立面

弗雷勒在《十封信：写给胆敢教书的人》中一针见血地指出："如果教师始终是专制的，那么他们总是谈话的发起者，而学生始终被淹没在他们的言论中。他们对学生说话，为学生而说话，谈论学生。他们从头说到尾，对其正确性与真实性确信无疑。即使在与学生交谈时，也好像是恩赐给学生的，强调他们自己意见的重要性与力量。"① 弗莱雷认为"这不是民主的教师与学生的交谈方式，甚至不是他们向学生讲述时的方式"，反之，"如果教师是放任的，采取'任其发展，以观其变'的立场，则放任了学生，结果既没有向他们讲述什么，也没有与他们交谈"②。

用弗雷勒的话来说，"反对专制并不意味着不要纪律，不受法律约束也不意味着推崇专制"，作为教者和学者，要清醒地认识到"一个人并不是另一个人的对立面"③。也就是说，民主不等于不要法律，自由不等于不要纪律。相反，"我们越是接受纪律，我们克服对其威胁的能力及有效学习的能力就越强"④。弗雷勒在这里所说的纪律与我们

---

①② 《十封信：写给胆敢教书的人》，第 119-120 页
③ 同上，第 119 页
④ 同上，第 50 页

所说的"纪律"在内涵上是有很大的区别的,我们所说的纪律,都是着眼于管束与压制,譬如军事化管理下的"铁的纪律"就是我们主张的"纪律"的典型。而弗雷勒则认为"学习的威胁之一是,不允许使用字典、百科全书之类的辅助工具。我们必须时常将运用这些工具书的习惯融入我们的知性纪律中,认识到,如果没有这些工具,学习会困难重重"①。教师要将使用工具书、运用网络技术自我检索等学习习惯的培养,以及掌握各科学习的基本方法视为铁的纪律来要求自己和学生。这样的纪律是着眼于学生的学的。

另一方面,弗雷勒认为教学双方的发言权,是要有道德的约束的,否则就会滑向荒谬。站在"专制主义"和"放任主义"的立场来看,"倾听学生和被学生倾听"对于"教育工作者和学习者参与的权利是至关重要的"——"民主的教师"总是会在言说与倾听中不断地缩小差距,并"不断地为被学生倾听而做准备";同时"学习者在课堂上的权利必须受到限制,以免在无纪律中丧失权利"②。因为滥用发言权在许多时候会歪曲真相、说谎、欺骗他人、扭曲事实。

所以,"使学校成为形成特定民主氛围的地方,比如倾听他人——不是作为恩赐,而是作为义务——和尊重他人,维护多数人形成的决定而不否认任何人表达其不赞成意见的权利,质疑、批评和辩论,重视在我们中被当成私人问题对待、但作为私人问题又得不到重视的公共问题,已成为必要而迫切的目标"③。作为教师,我们要认识到,这特定的"民主氛围"是建立在特定的教学关系中的,在教学

---

① 《十封信:写给胆敢教书的人》,第50页
② 同上,第121页
③ 同上,第122页

中,师生间的关系是一种相互对话、相互倾听的关系。相互间讨论交流的问题,既是公共问题,又是私人问题。它需要的是理智,是尊重。这当中还需要纪律的约束。

"如果教师是民主的,且其言行之间的差距不断缩小",那么"他们与学生的双向交流虽然困难,但还是有可能又充满快乐的"[1],"如果我们梦想自由,让我们为能与学生双向交流的学校而日夜奋斗,倾听学生,也让他们倾听我们"[2]。

同样的观点,在史蒂芬·柯维的《第3选择》中表述得更为详尽和深入:"我们必须建立起教师、家长及社区之间的伙伴关系,携手合作,共同释放所有孩子的天赋潜能,帮助他们选择自己未来的生活,而不是被牵着走。"[3] 当老师的要懂得尊重别人,立志改变自己的生命,求知若渴,真诚地对待每一个学生,不断放弃自己的立场和观点,更多地以学生的立场和观点对待教育生活中的一切,或许这样的选择才是最佳的。

---

[1] 《十封信:写给胆敢教书的人》,第120页
[2] 同上,第126页
[3] 《第3选择》,(美)史蒂芬·柯维著,姜雪影,苏伟信译,台北远见天下文化出版股份有限公司,2014.10,第270页

后　记

　　我这个人没有进过大学,尽管是恢复高考后的第一届中师生,却也不是正牌的,只是在一所挂了师范牌子的教师进修学校的"中师班"上了10个月的课,又实习了10个月,然后就直接到一所"戴帽子初中"做教师了。

　　在我幼年的时候,我的祖母、外祖父常常会给我们弟兄几个讲一些流传久远的小故事;读书识字了,我们就从图书出租店里租阅那些记载这些故事的小人书和其他情节更为诱人的书。于是,在那个"电灯电话""楼上楼下""一大二公"人人吃食堂的年代,我们兄弟三个会把饭票省下来,去租阅我们喜欢的图书,尤其是公案类的书。我们在很小的时候,已基本上能将《彭公案》《施公案》《狄公案》这些书读下来了。

　　遗憾的是,正当读书的年龄,却只让你读一本书。我们的初中和高中其实就是在"学工学农"的刷标语中度过的。我一个同学的舅舅,当时是南京师范大学中文系主任,他给了我同学一本《红楼梦诗词批注》。我借来一看,如获至宝,读完对曹雪芹佩服得五体投地,他精通的东西太多了,风筝、饮食、绘画、诗词、地理、天文……真是无所不晓。读高中的时候,我的一位语文老师送了我一本没标点没注释的《文心雕龙》。现在想来,在那个无书可读的年代,能读到这些,真是人生之大幸。

恢复高考那年,我被我们县教师进修学校的"中师班"录取了。因为刚恢复办学,没有教材,只有老师编的讲义,我的古文老师和古汉语老师很喜欢我,他们在刊物上发现了什么资料,尤其是古汉语方面的,就会给我看。就这样,我养成了一个抄书的习惯。10个月的"中师"生活,我抄录的资料超过了一尺高,这使我在以后参加函授的古汉语考试时,只花了半个小时就做完了本该两个半小时完成的试卷。

既然搞教育了,教育究竟是什么,大家都在说,我也想弄明白,于是开始了如饥似渴的阅读。因为阅读,我结识了许许多多的同道者,如肖川、张文质、刘铁芳、刘良华、许锡良、陈大伟、邱红军、朱永通、张以瑾、林茶居等朋友,并通过他们结识了更多的朋友,读到了更多的好书。

尤其要感谢《中国教育报》王珺女士,这些年来是她一直给我鼓励和机会。2012年,在《中国教育报》的"年度推动读书人物"的颁奖礼上,我说自己最大的缺憾是年轻时没有读到足够多的书,现在正当恶补的时候。正是出于这样的动机,这些年我阅读了大量的教育经典,写下了数十万字的读书笔记。

当有人提议我将这些读书笔记整理成一个册子的时候,我首先想到的就是上面提到的和没有提到的这些远近的师长与朋友,没有他们的指点,我不会知道天下有这么多的好书,更不会将阅读视为生命不可或缺的一个重要部分。我还要感谢的是我的夫人和女儿,没有她们的支持,我也不可能有今天的坚持。感谢宁波出版社的徐飞、陈静编辑为这本册子的编辑所付出的辛勤劳作,也感谢我的朋友邱磊老师为整理这个册子所付出的劳动。

  今天这个册子即将付梓,但愿自己在阅读与实践中积累的对教育的感悟和理解能让志同道合者少走弯路,更希望各位同行能在个性化的阅读中远离看似热闹实则乏味甚至贻害无穷的"诱惑"。

凌宗伟

2015年6月10日于嗜书斋

附：

我这几年读的部分书目（2008-2014）

（以出版年份为序）

- 《什么是教育》（德）雅斯贝尔斯著 邹进译 生活·读书·新知三联书店 1991.08
- 《梁实秋散文》 梁实秋著 浙江文艺出版社 2000.01
- 《教养的迷思》（美）茱蒂·哈里斯著 洪兰译 台北商周（城邦）出版社 2000.06
- 《致命的自负》（英）费里德利希·冯·哈耶克著 冯克利等译 中国社会科学出版社 2000.09
- 《民主主义与教育》（美）约翰·杜威著 王承绪译 人民教育出版社 2001.5
- 《被压迫者的教育学》（巴西）保罗·弗莱雷著 顾建新等译 华东师范大学出版社 2001.11
- 《校长的课程领导》 Allan A.Glatthon著 单文经等译 华东师范大学出版社 2003.09
- 《乌合之众》 古斯塔夫·勒庞著 冯克利译 中央编译出版社 2004.01
- 《文学与美国的大学》（美）欧文·白璧德（Irving Babbitt） 张沛 张源译 北京大学出版社 2004.07
- 《教育社会学手册》 莫琳·T·哈里楠主编 傅松涛,孙岳,谭斌,谢维和等译 华东师范大学出版社 2004.11
- 《经验与教育》（美）约翰·杜威著 姜文闵译 人民教育出版社 2005.01

- 《脑中之轮》（美）乔尔·斯普林格著　贾晨阳译　北京大学出版社　2005.04
- 《一个称作学校的地方》（美）约翰·I·古得莱得著　苏智欣等译　华东师范大学出版社　2006.02
- 《雅舍杂文》　梁实秋著　天津教育出版社　2006.06
- 《教育的哲学基础》（美）奥兹门著　石中英,邓敏娜等译　轻工业出版社　2006.09
- 《十封信：写给胆敢教书的人》（巴西）保罗·弗雷勒著　熊婴,刘思云译　江苏人民出版社　2006.12
- 《基因或教养》（美）茱蒂·哈里斯著　洪兰译　台北商周出版社　2007.06
- 《教师作为知识分子》（美）亨利·A.吉鲁著　朱红文译　教育科学出版社　2008.04
- 《叔本华散文》（德）叔本华著　绿原译　人民文学出版社　2008.05
- 《劳伦斯散文》（英）劳伦斯著　黑马译　人民文学出版社　2008.05
- 《批判教育学》（美）琼·温克著　路旦俊译　湖南教育出版社　2008.09
- 《穆齐尔散文》（奥）罗伯特·穆齐尔著　徐畅,吴晓樵译　人民文学出版社　2008.12
- 《瓦尔登湖》（美）亨利·大卫·梭罗著　徐迟译　上海译文出版社　2009.06
- 《告别功利》（美）努斯鲍姆著　肖聿译　新华出版社　2010.01
- 《我们如何思维》（美）约翰·杜威著　伍中友译　新华出版社　2010.01
- 《教育领导理论与应用》　秦梦群著　台北五南图书出版有限公司　2010.08
- 《理解脑——新的学习科学的诞生》　经济合作与发展组织编　教育科学出版社　2010.10
- 《围城》　钱钟书著　人民文学出版社　2010.11
- 《民主教育》（美）艾米·古特曼著　杨伟清译　译林出版社　2010.11
- 《失控：全人类的最终命运和结局》　凯文·凯利著　东西文库译　新星出版社　2010.12

- 《受教育的脑——神经教育学的诞生》（阿根廷）巴特罗,（美）费希尔,（法）莱纳主编 周加仙等译 教育科学出版社 2011.01
- 《脑的争论：先天还是后天？》（美）道林著 赵明,李光艳译 教育科学出版社 2011.01
- 《人脑的教育》（美）波斯纳,（美）罗特巴特著 周加仙等译 教育科学出版社 2011.01
- 《理想国》（古希腊）柏拉图著 李美静译 武汉大学出版社 2011.01
- 《教育与效率崇拜——公立学校管理的社会影响因素研究》（美）雷蒙德·E.卡拉汉著 马焕灵译 教育科学出版社 2011.01
- 《中国文化的深层结构》 孙隆基著 广西师范大学出版社 2011.06
- 《台湾教育的重建》 黄武雄著 首都师范大学出版社 2011.06
- 《这个世界会好吗》 梁漱溟著 天津教育出版社 2011.06
- 《圣经故事大全集》 王峥嵘编著 中国华侨出版社 2011.08
- 《自我与本我》（奥）弗洛伊德著 林尘,张唤民,陈伟奇译 上海译文出版社 2011.09
- 《我思故我在》（法）勒内·笛卡尔著 王阿玲译 中国画报出版社 2012.01
- 《哲学的慰藉》（英）德波顿著 资中筠译 上海译文出版社 2012.03
- 《教育的价值》（西班牙）费尔南多·萨瓦特尔著 李丽,孙颖屏译 北京大学出版社 2012.04
- 《存在与时间》（德）海德格尔著 陈嘉映等译 生活·读书·新知三联书店 2012.06
- 《人人社会》（美）克莱·舍基著 胡泳,沈满琳译 中国人民大学出版社 2012.08
- 《快思慢想》（美）康纳曼著 洪兰译 台北远见天下文化出版有限公司 2012.10
- 《形而上学导论》（德）海德格尔著 熊伟,王太庆译 商务印书馆

2012.10

·《非理性的人》（美）巴雷特著　段德智译　上海译文出版社　2012.11

·《金钱不能买什么：金钱与公正的正面交锋》（美）迈克尔 J.桑德尔著　邓正来译　中信出版社　2012.12

·《什么是教育》（美）菲利普·W.杰克森著　吴春雷，马林梅译　安徽人民出版社　2012.12

·《大连接》（美）尼古拉斯·克里斯塔基斯，詹姆斯·富勒著　简学译　中国人民大学出版社　2013.01

·《康德论教育》（德）康德著　贾馥茗等译　台北五南图书出版公司　2013.01

·《不受人惑》　胡适著　当代中国出版社　2013.03

·《全球通史——从史前史到 21 世纪》（美）斯塔夫里阿诺斯著　吴象婴等译　北京大学出版社　2013.03

·《教学机智——教育智慧的意蕴》（加）范梅南著　李树英译　教育科学出版社　2013.04

·《通往奴役之路》（英）弗里德利希·冯·哈耶克著　王明毅，冯兴元等译　中国社会科学出版社　2013.04

·《大数据》　涂子沛著　广西师范大学出版社　2013.04

·《谈谈方法》（法）笛卡尔著　王太庆译　商务印书馆　2013.04

·《生存哲学》（德）卡尔·雅斯贝斯著　王玖兴译　上海译文出版社　2013.04

·《软实力》（美）约瑟夫·奈著　马娟娟译　中信出版社　2013.05

·《人类行为、学习和脑的发育：典型性发展》（美）唐纳·科克，康尔特·W.费希尔，杰拉尔丁·道森主编　宋伟，梁丹丹主译　教育科学出版社　2013.07

·《大脑的秘密档案》（美）丽塔·卡特著　洪兰译　台北远流出版股份有限公司　2013.07

- 《收获幸福的教育：一所从不考试的公立学校》（美）瑞克·玻斯纳著 安秋子译 华东师范大学出版社 2013.09
- 《梦的解析》（奥）西格蒙德·弗洛伊德著 孙名之等译 国际文化出版公司 2013.12
- 《学校会伤人》（美）柯尔斯滕·奥尔森著 孙玫璐译 华东师范大学出版社 2014.01
- 《教育政策合法化:理论与实务》 颜国梁著 台北利文文化事业股份有限公司 2014.01
- 《校长的情绪领导》 饶建雄主编 台北五南图书出版有限公司 2014.01
- 《教育漫话》（英）洛克著 郎悦洁编译 武汉出版社 2014.03
- 《教育与脑神经科学》 大卫·苏泽等著 方彤,黄欢,王东杰译 华东师范大学出版社 2014.04
- 《反抗平庸》（美）汉娜·阿伦特著 陈连营译 上海人民出版社 2014.04
- 《数据之巅》 涂子沛著 中信出版社 2014.05
- 《怎样才是最好的学习》（韩）KBS《Homo Academiicus》制作团队著 千太阳译 中信出版社 2014.07
- 《第3选择》（美）史蒂芬·柯维著 姜雪影,苏伟信译 台北远见天下文化出版股份有限公司 2014.10
- 《40堂哲学公开课》（英）奈杰尔·沃伯顿著 肖聿译 新华出版社 2102.10